우즈베키스탄의 사회와 문화의 이해

본 도서는 인하대학교 2023년 1학기 교내연구비 지원을 받았습니다.

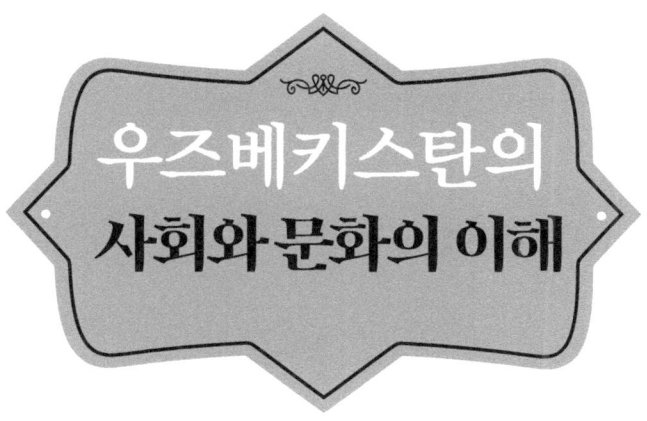

우즈베키스탄의 사회와 문화의 이해

성동기(인하대 교수) | 지음

우물이 있는 집

책·을·읽·기·전·에

　1991년 8월 31일 우즈베키스탄은 소비에트연방으로부터 독립을 선언하였다. 그리고 다음 날인 9월 1일이 독립기념일로 선포되었다. 이 역사적인 날을 다른 의미로 해석하면 우즈베키스탄이 민주주의와 자본주의로 체제를 전환한 1일이 된다는 것이다.
　1991년 우즈베키스탄이 독립한 후 초대 대통령이었던 이슬람 카리모프(Islam Karimov)는 자국을 공업 국가로 만들겠다고 선포하고 해외 기업을 유치하기 시작하였다. 이때 한국의 주요 기업들은 '세계경영'을 표방하며 해외로 투자를 시도하였다.
　1990년대 초에 우즈베키스탄에 진출했던 한국의 모 기업에서 일어났던 사례를 하나 소개하겠다.
　우즈베키스탄의 수도 타슈켄트로 파견되어 근무하던 한국 직원 A는 매일 보고서를 서울 본사에 팩스로 보냈다. 하루는 본사 직원 B가 A와 전화 통화하면서 질문을 했다.

"보고서 마지막 페이지 끝에 항상 콩알처럼 작게 적어놓은 영어 철자 NGWH가 무엇이냐?"

A는 다음과 같이 답했다.

"네가 와서 해"

한국 직원 A는 매일 본사의 상사로부터 야단을 맞았다.

"왜 일이 제대로 진행이 안 되느냐! 너는 도대체 뭐 하고 있느냐!"

오늘 오전에 우즈베키스탄 측과 계약서에 서명하고 본사에 통보했는데 우즈베키스탄 측에서 저녁에 연락해서 계약을 파기하겠다고 알리는 경우가 많았다. A는 황당해했고 본사로부터 엄청난 질책을 받았다. 그래서 A는 본사에 보고서를 보내면서 팩스 끝에 일종의 소심한 항변으로 NGWH를 적어서 보낸 것이었다.

"당신이 직접 와서 한번 해보라고!"

위와 같은 사례는 자본주의를 전혀 경험하지 못했던 우즈베키스탄을 비롯한 과거 소비에트연방 공화국에서 빈번하게 일어났던 실화였다.

우즈베키스탄은 우리에게 낯선 두 개의 기둥을 가지고 있다.

첫 번째는 소비에트체제의 유산이고 두 번째는 이슬람이다.

우리는 소비에트체제의 핵심이라고 할 수 있는 사회주의와 공산주의 그리고 이러한 체제로부터 형성되었던 권위주의와 관료주의를 경험한 적이 없다. 게다가 막연하게 무섭고 불편하게 여겨지는 이슬람이라는 종교를 일상생활에서 체험한 적이 사실상 없다. 반대로 우즈베키스탄의 시민들은 민주주의와 자본주의를 제대로 경험한 적이 없다.

상대방의 체제와 문화를 낯설어하는 두 사람이 만나서 무엇인가를 한다면 너무나도 불편하고 어려운 과정이 연속될 수밖에 없다. 직원 A가 하루하루 얼마나 답답했으면 본사에 NGWH라고 적어서 보냈을지 이해가 된다.

우즈베키스탄의 사회와 문화는 기본적으로 우리에게 낯선 것들로 채워져 있다.

A라는 국가의 한 사업가가 큰 건물을 짓고자 하였다.

그는 미국의 건설사에 전화해서 다음과 같이 문의했다.

"내가 원하는 건물을 준공하는 데 얼마의 시간이 걸릴까요?"

"2년이 소요됩니다."

그는 프랑스의 건설사에 전화해서 똑같이 물었다.

"3년이 필요합니다."

일본의 건설사는 1년 반이 걸린다고 했다.

무심코 우즈베키스탄의 건설사에 전화했다. 그런데 그는 놀라운 답변을 들었다.

"당신 나라의 독립기념일이 언제인가요? 그때까지 책임지고 완공하겠소!"

1996년 9월에 필자는 우즈베키스탄의 수도 타슈켄트에 첫발을 디뎠다. 그곳에서 4년여 동안 공부하고 생활하면서 정말 불편하고 황당한 일들을 많이 겪었다. 그럴 때마다 다음과 같은 생각을 하면서 하루하루를 버텨냈다.

"여기는 소비에트체제의 유산과 이슬람이 공존하는 곳이다!"

같은 전공을 공부하는 우즈베크인 친구를 학교에서 만났다. 내일 저녁에 식사나 하자고 친구에게 물었다. 그는 다음과 같이 답했다.

"Hudo xohlasa, boraman"((알라)신께서 원하시면 갈께!)

오겠다는 의미일까? 안 오겠다는 의미일까?

저녁이나 먹자고 했는데 갑자기 신이 왜 튀어나왔을까?

2024년은 필자가 우즈베키스탄과 학문적으로 인연을 맺은 지 28년째 되는 해이다.

그리고 우즈베키스탄은 민주주의와 자본주의로 체제를 전환한 지 33년째 되는 해이다.

과연 우즈베키스탄의 사회와 문화는 이 기간에 얼마나 변화되었을까?

이 책은 기본적으로 우즈베키스탄의 역사를 바탕으로 이들이 가지고 있는 사회와 문화가 어떻게 형성되었는지를 소개하고 그 특징을 제시하는 데 있다.

이 책의 집필에 활용된 기준들은 다음과 같다.

첫째, 인명과 지명은 일차적으로 영문을 병기하였고, 영문이 없는 경우에는 러시아어와 우즈베크어로 병기하였다.

둘째, 인명과 지명의 한국어 전사는 국립국어원의 방침을 준수하였고, 이에 해당하지 않으면 인터넷상에서 가장 많이 사용되는 단어를 선택하여 전사하였다.

  셋째, 본 문헌에 나오는 많은 이미지 자료들은 필자가 직접 찍은 것과 인터넷상에서 사용이 허락된 것들로 저작권을 침해하지 않은 것들이다.

  해병대 장교의 길로 들어선 장남과 대학 생활을 즐기고 있는 쌍둥이와 언제나 부족한 나를 이해해주는 부인에게 감사의 말을 전한다.

2024년 겨울 1218호 연구실에서
저자 성동기

차·례

책을 읽기 전에 …………………………………………… 4

제1장 우즈베키스탄 사회의 이해

1. 다민족다문화 사회 ………………………………… 14
    1) 민족 간 거리 측정 ……………………………… 14
    2) 정체성 ………………………………………… 21

2. 우즈베키스탄 사회의 언어 ………………………… 26
    1) 카리모프 정권의 언어정책과 특징 ……………… 26
    2) 미르지요예프 정권의 언어정책과 특징 ………… 33
    3) 현실적인 우즈베크어 언어지위 ………………… 42
    4) 미르지요예프 언어정책의 현실적 의도 이해 …… 49

3. 우즈베키스탄 사회의 러시아어 …………………… 56
    1) 우즈베키스탄 사회에서 러시아어의 위상 ……… 56
    2) 우즈베크어의 보완적인 수단으로서 러시아어가 가지는 기능 ………………………………………………… 60
    3) 우즈베크인의 이중언어 행위 …………………… 64

4) 우즈베키스탄 러시아인의 정체성 ················· 68

4. 우즈베키스탄 사회의 교육 ······························· 72
   1) 카리모프 정권의 교육정책과 특징 ················ 72
   2) 독립 이후 나타난 우즈베키스탄 실제 교육환경 ········ 80
   3) 미르지요예프 정권의 교육정책과 특징 ············ 86

5. 우즈베키스탄 사회의 '마할라'(Mahalla) ·············· 88
   1) 왜 우즈베키스탄에는 거지가 없을까? ············· 88
   2) 마할라와 정부 ······································· 91

6. 우즈베키스탄의 사회와 세대 ··························· 96
   1) 독립세대 ··· 96
   2) 정권과 독립세대 ···································· 103

제2장 우즈베키스탄 문화의 이해

1. 정치문화 ··· 110
   1) 왜 우즈베키스탄의 독재체재는 안정적으로 유지될까?
      ·· 110
   2) 정치문화의 이론 및 주요개념 ···················· 116
   3) 파이의 이론을 통해서 나타나는 우즈베키스탄의 정치문화

   ……………………………………………………… 124
  4) 마크리디스의 이론을 통해서 나타나는 우즈베키스탄의 정
   치문화 이해 ………………………………………… 138
  5) 알몬드와 베르바의 이론을 통해서 나타나는 우즈베키스탄
   의 정치문화 이해 ………………………………… 142
  6) 우즈베키스탄 정치문화의 변화가능성과 전망 ……… 145

2. 이슬람 문화 ……………………………………………… 150
  1) 우즈베키스탄 이슬람의 역사와 성향에 관한 분석 …… 150
  2) 독립세대의 이슬람에 대한 태도 분석: 설문조사를 중심으로
   ………………………………………………………… 155

3. 우즈베키스탄의 일상 문화 ……………………………… 170
  1) 계(契) ……………………………………………… 170
  2) 음식문화 …………………………………………… 172
  3) 결혼문화 …………………………………………… 179
  4) 할례 ………………………………………………… 183
  5) 장례문화 …………………………………………… 185

에필로그 …………………………………………………… 190
참고문헌 …………………………………………………… 194
찾아보기 …………………………………………………… 206

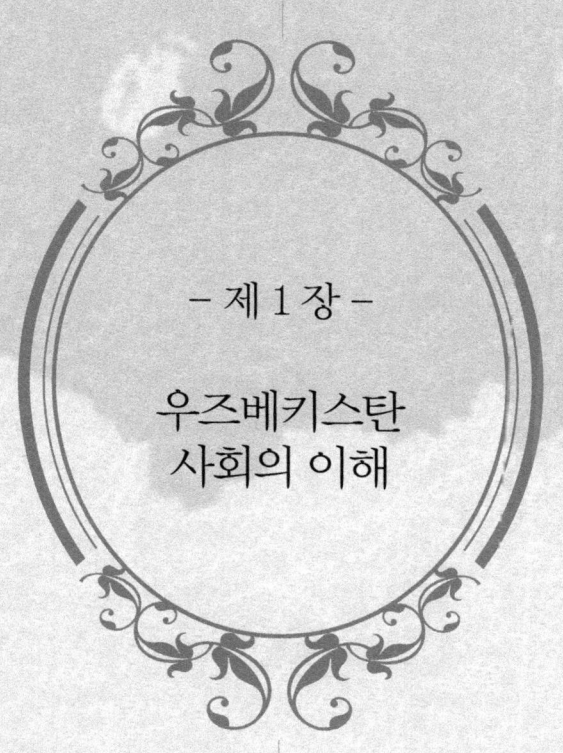

- 제 1 장 -

우즈베키스탄
사회의 이해

1. 다민족다문화 사회

1) 민족 간 거리 측정

우즈베키스탄은 120여 민족이 공존하는 다민족다문화 환경을 가지고 있으며 동시에 중앙아시아 국가 중에서 토착 민족인 우즈베크인 중심의 민족주의 정책을 가장 강하게 시행하는 이중적인 면을 가지고 있다.

우즈베키스탄의 민족주의 정책과 다민족다문화 환경의 실체를 이해하기 위해서는 우즈베크인과 러시아인이 가지는 상호 민족 간 인식을 분석할 필요가 있다. 이를 위해서 2007년 1월부터 8월까지 타슈켄트에 있는 세계언어대학교, 동방대학교, 세계경제외교대학교, 니자미사범대학교 3학년에 재학 중인 우즈베크인과 러시아인 400명을 대상으로 민족 간 거리를 측정하는 설문조사를 실시하였다.[1]

설문조사를 통해서 나타난 민족 간 거리 측정의 결과는 다음과 같다.

---

[1] 타슈켄트에는 우즈베크인과 소수민족의 거주 비율이 다른 지역과는 달리 거의 반반이다. 이러한 환경은 우즈베키스탄 내 민족 간의 인식과 동화과정의 변화 연구에 신뢰성을 제공할 수 있다.

질문 1) 아래의 민족 중 결혼하여 가족 구성원으로 받아들이고 싶은 정도를 자기 생각과 가장 가까운 곳에 ∨표시하여 주세요.

〈우즈베크인 독립세대〉 (단위: %)

	① 아주 약하게	② 대체로 약하게	③ 그저 그렇게	④ 대체로 강하게	⑤ 아주 강하게
(1) 우즈베크인	8	6	18	54	14
(2) 러시아인	15	25	35	21	4
(3) 타직인	17	27	42	7	7
(4) 카자흐인	22	22	41	10	5
(5) 고려인	22	24	42	8	4
(6) 타타르인	27	18	41	9	5
(7) 유대인	35	20	34	6	5

〈러시아인 독립세대〉 (단위: %)

	① 아주 약하게	② 대체로 약하게	③ 그저 그렇게	④ 대체로 강하게	⑤ 아주 강하게
(1) 우즈베크인	22	36	24	15	3
(2) 러시아인	3	12	24	44	17
(3) 타직인	21	33	35	8	3
(4) 카자흐인	20	30	38	10	2
(5) 고려인	10	15	41	27	7
(6) 타타르인	10	15	41	27	7
(7) 유대인	12	21	41	17	9

위의 답변에 대한 분석은 다음과 같다.

첫째, 일반적으로 두 민족은 질문에 제시된 민족들에 대해 자기 민족을 제외하고는 다른 민족들에 대해 중간자적인 입장을 상대적으로 높게 취하고 있다. 특히 이러한 경향은 우즈베크인 독립세대에서 두드러졌다. 이들이 바라보는 주변 민족에 대한 시선은 상대적으로 개방적이라고 판단할 수 있다.

둘째, 우즈베크인 독립세대는 가족으로 받아들이기 가장 꺼리는 민족으로 러시아인이 아닌 타타르인과 유대인을 선택하였다.[2] 일반적으로 지배 집단에 대한 반감이 높을 것이라고 예상되었지만 결과는 러시아인으로 귀결되지 않았다. 이러한 원인은 근현대 우즈베키스탄에서 러시아가 수행한 역사적 과오의 책임을 극단적인 감정으로 러시아인에게 표출하지 않는 것으로 여겨진다.

셋째, 반면에 러시아인 독립세대는 우즈베크인을 가장 많이 선택하여 대조를 보여준다. 이러한 경향은 현재 우즈베크 정부의 민족주의 정책을 통해 사회적으로 차별을 받는다는 인식이 강하기 때문이라고 여겨진다.

넷째, 러시아인 독립세대는 우즈베크인을 비롯한 이슬람을 믿는 민족과 황인종인 고려인에 대해 공통적으로 반감을 보이지만, 유대인에게는 상대적으로 관대한 편이다. 이것은 주로 황인종이 거주하는 우즈베키스탄에서 같은 백인계열로 인식되는 민족이 유대인이기 때문에 나타나는 감정적인 현상으로 간주된다.

다섯째, 우즈베크인과 러시아인 공통으로 카자흐인에 대한 반감이 높게 나타난다. 이러한 현상은 투르크라는 동일 계열의 민족이

---

2) 유대인은 소비에트연방 지역에서도 마찬가지로 거리를 두고 싶어 하는 민족으로 평가받고 있으며 투르크계 타타르들은 중세 동슬라브 역사에서 강력한 군사력을 바탕으로 침략을 자행하여 적개심을 가지게 하였다. 자세한 내용은 다음의 내용 참조. Orest Subtelny. 1988. Ukraine. A History (Toronto: University of Toronto Press) p.106.

라는 관점에서 상호 간의 우호적인 측면을 부각시키는 현재의 분석과는 다른 결과를 보여주고 있다.[3]

질문 2) 아래의 민족 중 개인적인 친구로 사귀고 싶은 정도를 자기의 생각과 가장 가까운 곳에 ∨표시하여 주세요.

〈우즈베크인 독립세대〉 (단위: %)

	① 아주 약하게	② 대체로 약하게	③ 그저 그렇게	④ 대체로 강하게	⑤ 아주 강하게
(1) 우즈베크인	10	7	15	46	22
(2) 러시아인	1	10	36	28	25
(3) 타직인	9	16	45	19	11
(4) 카자흐인	8	18	43	21	10
(5) 고려인	4	10	49	26	11
(6) 타타르인	8	13	47	24	8
(7) 유대인	14	15	40	24	7

〈러시아인 독립세대〉 (단위: %)

	① 아주 약하게	② 대체로 약하게	③ 그저 그렇게	④ 대체로 강하게	⑤ 아주 강하게
(1) 우즈베크인	14	12	47	25	2
(2) 러시아인	5	3	43	36	13
(3) 타직인	6	13	55	24	2
(4) 카자흐인	9	9	57	23	2
(5) 고려인	4	2	44	44	6
(6) 타타르인	4	6	48	36	6
(7) 유대인	8	7	49	32	4

3) 실제로 2007년 4월 9일 카자흐스탄 대통령 나자르바예프는 중앙아시아 5개국 단일경제 지역 창설을 제의했다. 그러나 우즈베키스탄은 반대 의사를 강하게 표명하였다.(http://weekly.chosun.com(검색일: 2024.01.25.))

가족이라는 범위에서 벗어나 친구라는 개념으로 들어가면 두 민족은 제시된 민족들에 대해 공통적으로 관대한 입장을 취한다. 그러나 러시아인 독립세대는 여전히 우즈베크인에게 반감을 표출하고 있다. 여기서도 우즈베크인들은 유대인에 대해 가장 폐쇄적인 감정을 보여주고 있다.

질문 3) 아래의 민족 중 이웃으로 우리 동네에 받아들이고 싶은 정도를 자신의 생각과 가장 가까운 곳에 ∨표시하여 주십시오.

〈우즈베크인 독립세대〉 (단위: %)

	① 아주 약하게	② 대체로 약하게	③ 그저 그렇게	④ 대체로 강하게	⑤ 아주 강하게
(1) 우즈베크인	3	5	30	40	22
(2) 러시아인	3	6	43	32	16
(3) 타직인	9	14	51	18	8
(4) 카자흐인	11	15	52	16	6
(5) 고려인	5	10	51	26	8
(6) 타타르인	8	11	47	22	12
(7) 유대인	10	13	46	22	9

〈러시아인 독립세대〉 (단위: %)

	① 아주 약하게	② 대체로 약하게	③ 그저 그렇게	④ 대체로 강하게	⑤ 아주 강하게
(1) 우즈베크인	9	12	62	14	3
(2) 러시아인	2	5	60	26	7
(3) 타직인	4	13	65	15	3
(4) 카자흐인	5	13	67	13	2
(5) 고려인	1	4	66	25	4

	① 아주 약하게	② 대체로 약하게	③ 그저 그렇게	④ 대체로 강하게	⑤ 아주 강하게
(6) 타타르인	3	8	66	21	2
(7) 유대인	5	8	63	22	2

　동네 주민으로 받아들이는 문제는 실제로 친구의 개념과 달리 각 민족들에게 직접적으로 영향을 미치는 일이다. 결과적으로 친구를 사귀는 문제보다는 반응이 유연하게 나타나지 않았다. 질문 1만큼 특정 민족에 대해 경계를 가졌다. 우즈베크인 독립세대는 여전히 러시아인보다 타타르와 유대인에게 반감을 가지고 있으나 러시아인에 대한 인식은 우호적이다. 반대로 러시아인 독립세대들은 우즈베크인에게 여전히 반감을 가지고 있다.

　질문 4) 독립국가연합(CIS)의 국가 시민을 배우자로 맞는다면, 가장 받아들이고 싶은 민족은 누구인가요?

민족	우즈베크인 독립세대	러시아인 독립세대
① 러시아인(우즈베크인)	33%	(1%)
② 우크라이나인	5%	25%
③ 카자흐인	4%	4%
④ 아제르바이잔인	19%	5%
⑤ 그루지아인	2%	3%
⑥ 타직인	4%	2%
⑦ 고려인	13%	17%
⑧ 기타	20%	43%

위의 답변을 분석하면 다음과 같다.

첫째, 우즈베크 독립세대는 위의 질문 1과 같이 러시아인과의 결혼을 고려할 수 있다고 표하였다. 반면에 러시아인은 우즈베크인을 극도로 꺼리고 있다. 다른 민족과 비교하여도 반감의 정도가 가장 높다. 이것 역시도 우즈베크 정부의 민족주의 정책에 영향을 받아서 러시아인 독립세대들이 받고 있는 사회차별을 표하는 것으로 여겨진다.

둘째, 기타에 대한 대답이 압도적으로 많다. 기타에 적은 내용은 대부분 자기 민족과 결혼하겠다고 적었다. 여기서 러시아인 독립세대는 기타를 우즈베크인 독립세대보다 강하게 표하였다.

셋째, 주목을 받는 부분은 우즈베크인 독립세대가 아제르바이잔인과 결혼을 선호한다는 것이다. 주지하는 바와 같이 아제르바이잔인은 시아파 무슬림이 다수를 차지한다. 종교의 분파를 떠나 아제르바이잔인을 선택한 것은 상대적으로 선택이 적은 타직인과 카자흐인들과 비교되는 대목이다. 이것은 주변의 카자흐인과 타직인에 비해 아제르바이잔인들과의 접촉이 적어서 나타나는 현상으로 판단된다.

넷째, 러시아인 독립세대는 같은 민족 계통인 우크라이나인에게 관심이 높으며 다음으로 고려인에 대하여 우호적이다. 이미 소비에트사회에서 고려인은 탁월한 성실함으로 소수민족들 가운데 결혼 선호도가 높은 민족으로 인정받아 왔다. 이것이 여전히 유효하게 작용되는 것 같다.

2) 정체성

질문 5) 본인의 민족적 전통문화와 관습을 지키는 것에 대해 어떻게 생각하십니까?

	우즈베크인 독립세대	러시아인 독립세대
① 매우 중요하다	55%	42%
② 대체로 중요하다	32%	38%
③ 대체로 중요하지 않다	10%	12%
④ 전혀 중요하지 않다	3%	8%

위의 답변을 분석하면 다음과 같다.

첫째, 우즈베크인 독립세대는 자신의 전통문화와 관습을 50% 넘게 매우 중요하다고 생각하고 있지만 반대로 러시아인 독립세대는 50% 이하로 답변하여 대조된다.

둘째, 우즈베크인 독립세대와 러시아인 독립세대는 각각 13%, 20%로 대체로 중요하지 않다고 답변을 하였는데 이는 서구문화의 영향으로 간주된다. 특히 우즈베크인 독립세대는 소비에트연방 붕괴 이후 자유롭게 자신의 문화와 관습을 접하게 되었음에도 불구하고 서구문화의 영향을 받은 것으로 나타난다.

결과적으로 소비에트연방 붕괴 이후 변화된 환경 속에서 우즈베키스탄에 존재하는 대표적인 두 민족인 우즈베크인, 러시아인 독립세대가 가지는 민족 간 의식은 다음과 같은 특징을 가진다.

첫째, 주류민족으로 위상이 격상된 우즈베크인 독립세대는 해당국 정부의 민족주의 정책과는 다르게 적대적인 민족이라고 정의할 수 있는 러시아인들에게 상당히 우호적인 인식을 가지고 있다.

둘째, 러시아인 독립세대는 다른 민족들보다 우즈베크인에 대한 반감을 높게 표출했다. 이러한 원인은 기존의 1등 시민이라는 자부심이 무너진 현 상황에서 우즈베키스탄 정부의 민족주의 정책으로 인한 상대적인 박탈감과 근본적으로 가지고 있었던 우즈베크인을 비롯한 황인종에 대한 차별적 선입관에서 유래한다.

셋째, 앞에서 언급한 것처럼 주류민족인 우즈베크인 독립세대는 러시아인 독립세대보다 주변의 중앙아시아 민족들에 대해 반감을 가지고 있었다. 이것은 동일한 '투르크'라는 민족의 뿌리를 가지는 중앙아시아 국가들이 정치적, 경제적 목적의 통합기구를 만들려는 구상이 실현되기 어렵다는 단서로 부각될 수 있다. 따라서 외부의 시각에서 '범투르크주의'라는 과거와 같은 협력이 가능하다는 평가는 실제로 재고할 가치가 있다고 사료된다.

질문 6) 본인은 어떤 언어를 가장 자유롭고 편하게 사용하십니까?

	우즈베크인 독립세대	러시아인 독립세대
① 우즈베크어	77%	0%
② 러시아어	22%	98%
③ 기타 언어	1%	2%

우즈베크인 독립세대는 대체적으로 우즈베크어를 자유롭게 구사한다. 그러나 위에서 나타나는 것과 같이 러시아어를 편하게 사용하는 사람들이 22%나 된다. 이러한 원인은 주로 러시아-우즈베크 다문화가정과 과거 계층에서 발견된다.

우즈베키스탄에는 현재도 소비에트시기의 우즈베크 엘리트 계층 출신들이 우즈베크어보다 러시아어를 자유롭게 구사하고 있다. 그리고 러시아-우즈베크 다문화가정은 굳이 우즈베크어를 강요하지 않는다. 위의 답변은 이러한 특징에서 나타난 결과이지만 흥미로운 것은 자신의 민족적 정체성을 우즈베크에서 찾으면서 언어는 러시아어를 구사하는 이중적인 모습의 발견이다. 기타 언어를 선택한 사람들은 타직-우즈베크 가정에서 태어난 독립세대가 대부분이다.

질문 7) 올림픽에서 러시아 축구팀와 미국 축구팀이 시합을 한다면 어떤 팀을 응원하시겠습니까?

	우즈베크인 독립세대	러시아인 독립세대
① 전적으로 러시아 팀	34%	33%

	우즈베크인 독립세대	러시아인 독립세대
② 대체로 러시아 팀	20%	27%
③ 중립	33%	34%
④ 대체로 미국 팀	9%	4%
⑤ 전적으로 미국 팀	4%	2%

질문 8) 올림픽에서 우즈베키스탄 축구팀와 러시아 축구팀이 시합을 한다면 어떤 팀을 응원하시겠습니까?

	우즈베크인 독립세대	러시아인 독립세대
①전적으로 우즈베키스탄 팀	45%	9%
②대체로 우즈베키스탄 팀	18%	12%
③중립	26%	40%
④대체로 러시아 팀	6%	20%
⑤전적으로 러시아 팀	5%	19%

위의 두 질문은 사회학에서 사용하는 민족 및 국가정체성을 알아보는 대표적인 경우이다. 질문에 대한 답변의 분석은 다음과 같다.

첫째, 우즈베크인 독립세대는 50% 이상이 러시아와 미국 간의 시합에서 러시아를 지지한다고 답했다. 비록 33% 정도가 중립을 선호하지만 미국이 승리하기를 바라는 수가 상대적으로 열세이다. 이러한 경향은 역사적으로 감정적인 느낌을 가지는 우리의 일본에 대한 정서와는 다른 차원이다. 이것에 대한 보다 확실한 경향은 우즈베키스탄과 러시아의 시합에서 우즈베크인 독립세대가 놀랍게도 20%가 넘는 중립을 표한 것에서 뚜렷해진다.

둘째, 러시아인 독립세대는 미국과 러시아의 시합에서 34%나 중립을 표하였다. 특히 질문 8의 경우를 분석하면 보다 명확히 이들의 정체성을 파악할 수 있다. 러시아와 우즈베키스탄의 시합에서 독립세대는 예상외로 중립을 40% 이상 답했다. 당연히 러시아를 지지해야 할 것 같은 이들이 중립을 선호하며 쉽게 러시아를 손들지 못하는 것은 모국에 대한 경험과 인식이 부족하기도 하지만 출생한 지역에 대한 애착이 더 높기 때문이라고 판단된다. 게다가 앞에서 보았던 것처럼 우즈베크인에 대한 절대적인 반감과는 다른 경우라 하겠다.

결과적으로 러시아 독립세대는 현재 심한 민족정체성과 함께 국가정체성에 혼란을 겪고 있다고 판단된다. 반면에 우즈베크인들은 앞에서 살펴본 러시아인에 대한 우호적인 감정과 더불어 러시아에 대한 인식마저도 그렇게 극단적이지 않다는 것을 보여주고 있다.

2. 우즈베키스탄 사회의 언어

1) 카리모프 정권의 언어정책과 특징

1989년 3월 19일 타슈켄트의 레닌광장(지금의 독립광장)에서 우즈베크어를 국어로 격상시키자는 시위가 있었다. 당시에 '우즈베크 소비에트사회주의공화국' 공산당 서기장이었던 이슬람 카리모프(Islam Karimov)는 국어에 관한 법률 초안을 논의했고, 6개월 후인 1989년 10월 21일 '국어에 관한 법률'이 채택되었다.[4]

이 법은 우즈베크어가 국어가 되지만 러시아어를 비롯한 소수민족의 언어들도 소통의 언어로서 인정되며(1조), 공식회의에서도 언어를 선택할 수 있으며(5조), 우즈베크어로 작성된 행정 문서들이 소수민족들의 언어로 번역되어서 제공되며(6조), 공무원들은 소수민족의 언어로 접수되는 모든 민원을 받아들여야 한다(27조)는 것을 기본 내용으로 하고 있다.[5] 따라서 위와 같은 특징을 고려하면 국어

---

4) https://www.bbc.com/uzbek/lotin/2016/03/160324_latin_uzb_language(검색일 2024.01.25.)
5) https://lex.uz/docs/-109394(검색일 2024.01.25.)

인 우즈베크어를 모르는 자들이 공식적이고 비공식적인 활동을 하는데 어려움을 느끼지 않았다고 판단할 수 있다.

이와 같은 언어운동을 주도한 세력은 '브를릭'(Brilik, 통합)이라고 하는 비정부 성격의 정치단체였다.[6] 이 단체의 회원들은 우즈베크어의 키릴문자를 라틴으로 변환시킬 것도 정부에 요구하였다.[7] 이슬람 카리모프 서기장은 우즈베크어 키릴문자가 가지고 있는 언어학적 문제를 과학아카데미(Academy of Science) 산하 언어문학연구소(the Institute of Language and Literature)에서 분석하도록 하였으며, 이후 1989년 12월에 이와 관련된 전문가 그룹이 설립되었다.[8]

1991년 8월 31일에 우즈베키스탄이 독립을 선포하고 초대 대통령 선거가 시작되었을 때 브릴릭은 창립자인 압두라힘 풀라토프(Abdurahim Pulatov)를 후보로 내고자 하였다. 이때 이슬람 카리모프는 정치적으로 이 단체를 탄압하고 해체시켜버렸다. 이후 우즈베크어에 관한 민간 주도의 언어운동도 사라졌다. 이후 우즈베키스탄 정부는 법의 제정과 개정을 바탕으로 언어와 관련된 다양한 정책들을 추진하였다.

---

6) Edward Allworth. 1994. Central Asia, 130 Years of Russian Dominance: A Historical Overview (Durham, N.C. and London: Duke University Press) pp.578-579.
7) Birgit Schlyter. 1998. "New Language Laws in Uzbekistan," Language Problems and Language Planning. Vol.22, No.2. p.163.
8) Ibid. 163.

주지하는 바와 같이 소비에트체제하에서 러시아어는 상위언어(high code)였고 우즈베크어는 하위언어(low code)였다. 그러나 1989년 '우즈베키스탄 국어에 관한 법률'이 발효되면서 언어 지위는 바뀌었다. 일반적으로 다민족다문화 국가에서 기존의 상위언어와 하위언어의 지위변화가 발생하면 다음과 같은 현상이 발생한다.[9)]

첫째, 인구분포에서 다수를 차지하거나 혹은 정치적 영향력이 강한 민족어가 새로운 상위언어로 격상되면 해당국의 여타 민족들은 이를 인정하고 습득하게 되며 이후 이중언어 사용자가 된다. 소비에트연방에서 러시아어가 공식어가 된 경우이다.

둘째, 인구분포나 정치적 영향력이 취약한 민족어가 새로운 상위언어가 되면 기존의 상위언어 구사자들이 위의 상황을 고려하면서 이에 반발한다. 독립 이후 카자흐스탄에 거주하는 러시아인들이 카자흐스탄 정부의 언어정책에 저항한 경우이다.

셋째, 위와 같은 상황이 지속되면 상위언어는 공식어로서 기능을 제대로 못하게 되고 결국 해당 국가의 정부는 기존의 언어정책을 수정하여 타협을 시도한다. 이러한 경우에도 부정적인 측면에서 민족충돌이 발생할 수 있으며, 긍정적인 측면에서 공용어 정책이 제기될 수 있다. 카자흐스탄과 키르기스스탄은 헌법을 수정하여서 러시

---

9) 성동기. 2010. "우즈베키스탄에서 발생하는 러시아어와 우즈베크어의 지위변화에 따른 언어상황의 이해와 전망: 설문조사와 실질적인 언어지위의 평가를 중심으로." 중앙아시아연구. No.15. p.272.

아어를 공용어로 사실상 격상시켰다.

그러나 우즈베키스탄에서는 이러한 과정과 다른 특징이 나타났다.

첫째, 우즈베키스탄의 전체 인구에서 절대 다수를 차지하는 우즈베크인의 민족어인 우즈베크어가 법적으로 상위언어가 되었지만 소수민족들은 이를 습득하지 않고 있으며 정부의 언어 정책에 대해서 저항도 하지 않고 있다.

둘째, 우즈베키스탄에서 러시아어와 우즈베크어를 구사하는 이중 언어 사용자는 소수민족이 아니라 오히려 우즈베크인이었다.

이러한 우즈베키스탄의 사례는 사실상 사회언어학에서 매우 드문 경우에 해당된다.

따라서 왜 이러한 현상이 나타나는지를 이해하기 위해서는 카리모프 정권이 추진했던 언어와 관련된 정책을 분석해야 한다.

1995년 10월 21일에 개정된 '우즈베키스탄 국어에 관한 법률'의 기본 내용은 모든 국가 영역에 국어인 우즈베크어가 공식어로서 지위를 가지지만 국어를 모르는 자들을 위해서 그 내용이 러시아어를 비롯한 소수민족 언어로 번역되어서 제공되며, 우즈베키스탄의 국민은 소통 언어와 교육 언어를 선택할 수 있다고 명시되었다.[10] 따라서 개정된 법 역시 국어인 우즈베크어를 모르는 자들이 공식적이고 비공식적인 활동을 하는데 어려움을 느끼지 않도록 만들었다고

---

10) https://lex.uz/docs/-121051(검색일: 2024.01.25.)

볼 수 있다. 그리고 1993년에 기존의 키릴문자였던 우즈베크어 문자를 라틴으로 교체하는 작업이 시도되었으며, 1995년에 라틴문자가 최종적으로 확정되었으며, 2005년부터 공식적으로 사용되었다.[11]

위와 같이 과정을 통해서 우즈베키스탄의 언어상황은 다음과 같은 특징을 가지게 되었다.

첫째, 러시아어의 영향이 지속적으로 강하게 남을 수 있었다.

2010년에 우즈베키스탄의 전체 인구에서 러시아인은 2.5%를 차지했지만 해당 국가의 시민 40%가 러시아어에 능숙했다.[12] 이와 같은 분석을 통해서 수적으로 러시아인은 매우 적지만 러시아어는 여전히 우즈베키스탄에서 큰 영향력을 가지고 있음을 이해할 수 있다.

둘째, 우즈베크어 철자의 통일성과 표준화가 이루어지지 못했다.

앞에서 언급했듯이, 우즈베크어 문자는 2005년부터 공식적으로 라틴문자로 사용되어야 했지만 정부 기관의 행정 문서와 거리의 광

---

11) Alexey Ulko. 2020 ""Uzbek is the Language for Uzbeks": Why There are Problems in Uzbekistan with the State Language?," Bulletin of the International Institute for Central Asian Studies. No.29. p.89. (http://uzscite.uz/wp-content/uploads/2020/09/87-95-1.pdf(검색일: 2024.01.25.)

12) Stephen Bahry, Sarfaroz Niyozov, Duishon Shamatov, Elise Ahn, Juldyz Smagulova. 2017. "Bilingual Education in Central Asia" in Bilingual and Multilingual Education (eds.) Ofelia García, Angel M. Y. Lin, Stephen May. p.9. (https://www.researchgate.net/publication/312415454_Bilingual_Education_in_Central_Asia/link/587f0e4708aed3826af466fa/download(검색일: 2024.01.25.))

고판 등에는 키릴문자와 라틴문자가 혼용되어서 사용되었다.[13] 특히 일부 라틴문자 자음은 표준화되지 못한 채 사실상 방치되어 있다. 예를 들면, 우즈베크어 자음인 H(h)와 X(x)는 동일한 단어에서 혼용되는 경향이 높다.[14]

결과적으로 카리모프 정권은 우즈베크어를 언어학적으로 발전시키지 않았다. 법적으로 우즈베크어가 국어로서는 격상되었지만 우즈베크어가 국어로 인정받을 수 있도록 구체적이고 조직적으로 부족한 부분이 개선되고 개발되지 않았다.

여기서 다음과 같은 문제를 제기할 수 있다.

왜 우즈베키스탄 정부가 국어로서 우즈베크어 가지는 부족한 부분들을 해결하려고 하지 않았을까?

이것은 다음과 같이 세 가지로 예측할 수 있다.

첫째, 우즈베키스탄 정부는 자국의 언어 상황에 큰 문제가 없다고 보았다.

우즈베크인이 러시아어만 구사하는 소수민족들과 러시아어로 기본 혹은 그 이상의 수준으로 대화가 가능하기 때문에 국민들 간에 언어적으로 의사소통에 문제가 없다고 본 것이다.

둘째, 예산 문제도 그 이유가 될 수 있다.

---

13) 우즈베키스탄의 수도 타슈켄트는 'Toshkent'(우즈베크어 라틴문자), 'Тошкент'(우즈베크어 키릴문자), 'Ташкент'(러시아어 표기)로 작성되는데, 이와 같은 세 가지 표기가 여전히 공존하고 있다.
14) 가장 기본적인 표현인 '고맙습니다'에 해당하는 우즈베크어의 올바른 표기는 'Rahmat'이다. 그러나 우즈베크인들은 'Raxmat'이라고도 적는다.

우즈베크어가 국어로 인정받기 위해서는 국가 차원에서 막대한 예산투입이 필요했다. 독립 이후에 자국의 경제 상황이 악화되었기 때문에 이 부문에 사실상 투자하기는 힘들었다.

  셋째, 소수민족들에게 우즈베크어를 국어로 강요할 법적인 근거가 없었다.

  법적으로 우즈베크어를 국어로 격상시킨 것을 제외하면 기존의 언어 상황이 유지되는 방향으로 법 내용을 명문화시켰기 때문에 소수민족들에게 우즈베크어를 국어로 강요할 법적인 명분이 없었다.

  카리모프 정권은 정치적 의도로 우즈베크어를 국어화시켰다. 그러나 그 내용을 보면 실제로 러시아어와 소수 민족어를 구사하는 자들을 배려했기 때문에 과연 정치적 측면만을 고려했는지 의문을 가지게 한다. 만약에 우즈베키스탄 정부가 순수하게 정치적 목적을 가지고 언어정책을 추진했다면 러시아어와 소수 민족어 구사자들이 일상생활에서 상당한 불편과 어려움을 겪었을 것이다. 우즈베크어와 관련된 국어법에는 러시아어와 소수 민족어 구사자들이 언어 문제 때문에 피해를 볼 수 없다고 명백하게 명시되어 있다. 따라서 독립 이후 소수민족들이 직장에서 자신의 자리와 직위를 우즈베크인에게 넘겨야 했던 피해 사례는 언어정책 때문이 아니라 민족 간 권력이 인구의 절대 다수를 차지하는 우즈베크인에게 이동했다는 자연스러운 상황에서 발생한 것이다. 이러한 사례는 강대국의 식민지로 존재하다가 독립한 국가들에서 공통적으로 나타난다.

결과적으로 카리모프 정권은 우즈베크어가 국어로서 기능할 수 없게 의도적으로 방치한 것으로 판단된다. 이러한 분석이 가능한 것은 우즈베키스탄에는 국어인 라틴문자 우즈베크어 그리고 키릴문자 우즈베크어, 러시아어, 타직어, 카라칼팍어가 공존하고 있기 때문이다. 그런데 이러한 언어 상황임에도 불구하고 우즈베키스탄에서는 지금까지 언어문제로 민족 간 충돌이 발생한 경우는 없었다. 여기서 중요한 점은 러시아어가 이러한 충돌을 방지했다는 것이다.

다시 한번 더 강조하면 위와 같은 우즈베키스탄의 사례는 사실상 사회언어학에서 매우 드문 경우에 해당된다.

카리모프 정권은 독립국의 명분으로 우즈베크어를 국어로 격상시켰지만 기존의 언어 상황을 유지시키는 방향으로 언어정책을 추진하였다.[15]

2) 미르지요예프 정권의 언어정책과 특징

2016년 12월 4일에 이슬람 카리모프 대통령을 승계해서 대통령에 당선된 쇼프카트 미르지요예프(Shavkat Mirziyoyev)는 기존의 언어정책에 변화를 일으켰다.

---

15) Birgit Schlyter. 2012. "Language Policy and Language Development in Multilingual Uzbekistan in Language policy and language conflict in Afghanistan and its neighbors," in the changing politics of language choice (eds.) Schiffman, Harolc. (Leiden: Brill Academic Publishers) p.199.

이슬람 카리모프는 2016년 9월 2일에 급서하기 전인 5월 13일에 우즈베크어와 문학의 연구 및 개발을 강화시키기 위해 '타슈켄트 국립 우즈베크어와 문학대학교'(The Tashkent State University of Uzbek Language and Literature named after Alisher Navoi) 설립과 관련된 대통령령을 발효시켰다.[16)]

  미르지요예프 대통령이 당선된 후 본 대학은 2018년 11월 16일에 라틴문자 기반의 우즈베크 문자 개선 과정을 마치고 새로운 우즈베크어 라틴문자를 발표했다.[17)] 이 문자는 2023년 1월 1일부터 공식적으로 사용된다.[18)]미르지요예프 대통령의 변화된 언어정책은 2019년 10월 21일 '우즈베크어 국어 선포의 날 30주년' 기념식에서 본격적으로 나타나기 시작하였다. 그는 국가의 각 분야에서 국어인 우즈베크어만 사용할 수 있도록 우즈베크어를 언어적으로 발전시키는 내용으로 축사를 하면서 대통령령으로 '국어로서의 우즈베크어 명성과 지위를 혁신적으로 향상시키기 위한 조치'(On measures to radically increase the prestige and status of the

---

16) Bakhtiyor Alimdjanov. 2019. "Uzbekistan: Why Uzbek Language Has Not Become a Language of Politics and Science?," Central Asian Bureau for Analytical reporting. pp.1-10 (https://cabar.asia/en/uzbekistan-why-uzbek-language-has-not-become-a-languag e-of-politics-and-science(검색일: 2024.01.25.))

17) 변경된 우즈베크어 라틴문자에 관한 구체적인 내용은 다음의 사이트 참조. https://www.gazeta.uz/ ru/2018/11/06/alphabet/(검색일: 2024.01.25.)

18) https://www.aa.com.tr/en/asia-pacific/uzbekistan-to-switch-to-latin-alphabet-in-2023/220 0498(검색일: 2024.01.25.)

Uzbek language as the state language)를 선포하였다.[19]

이후 2020년 4월 28일에 '우즈베키스탄의 국어에 관한 새로운 법률 초안'이 발표되었다.[20]

여기서 우즈베키스탄 법무부는 우즈베크어를 사용하지 않은 공무원에게 벌금을 부과할 것을 제안했다.

특히 2020년 9월 23일 유엔총회 75주년 기념 세션에서 미르지요예프는 우즈베키스탄 대통령으로서는 처음으로 우즈베크어로 연설하여 자국의 언어정책에 개혁이 있을 것임을 시사해 주었다.[21]

미르지요예프 정권이 발표한 대통령령 '국어로서의 우즈베크어 명성과 지위를 혁신적으로 향상시키기 위한 조치'의 주요 내용을 살펴보면 다음과 같다.[22]

첫째, 국회(Oliy Majlis), 문화부(Ministry of Culture), 작가연합(the Writers' Union), '영성과 계몽센터'(Center for Spirituality and Enlightenment), 청년연합(Youth Union), 여성위원회(Women's Committee), 개발전략센터(Center for Development Strategy)는 우즈베크어가 국어로 선포된 10월 21일을 '우즈베크어의 날'로 선포

---

19) https://lex.uz/docs/-4561730(검색일: 2024.01.25.)
20) https://uz.sputniknews.ru/20200428/Novyy-zakonoproekt-o-gosyazyke-v-Uzbekistane--mn enie-ekspertov-i-grazhdan-14018186.html(검색일: 2024.01.25.)
21) https://www.youtube.com/watch?v=QWupB0rU-Nc(검색일: 2024.01.25.)
22) O'zbekiston Respublikasi Prezidentining 2019-yil 21-oktabrdaģi PF-5850-son "O'zbek tilining davlat tili sifatidagi nufuzi va mavqeini tubdan oshirish chora-tadbirlari to'g'risida"gi Farmoni. https://lex.uz/docs/-4561730(검색일: 2024.01.25.)

하자는 국민의 제안을 승인한다.

둘째, 내각에 '국어개발부'(Department of State Language Development)를 설립하고 각 주마다 지부를 둔다. 본 부처의 주요 업무는 국어개발, 국어 법률 준수 관련 조직 설립 및 감독, 국어의 기능과 관련된 정책 제안, 라틴문자 기반의 우즈베크어 알파벳 완성, 우즈베크어로 된 연설문의 규범 및 규칙개발 가속화, '우즈베크어의 날' 기념 프로그램 개발, 과학 분야의 신조어 개발 및 실행 모니터링, 현대적 용어의 우즈베크어 대체 및 통일, 법률에 따른 지리 및 기타 지명의 명명 모니터링 및 조정 활동, 국어개발 연구지원 및 국제협력 지원 등이다.

셋째, 내각은 3개월 이내에 '우즈베크어 날' 제정에 관한 법안을 개발하고 이를 국회에 제출하고, 2개월 이내에 외국의 사례를 참조하여 과학적 기반의 신조어 개발을 담당할 '용어위원회'(Terminology Committee)의 설립 및 규정을 결정하고, 2020년 6월 1일까지 '2020-2030년 우즈베크어 개발 및 언어정책 개선을 위한 개념 및 국가 프로그램' 초안을 제출한다.

넷째, '2020-2030년 우즈베크어 개발 및 언어정책 개선을 위한 개념 및 국가 프로그램' 초안 내용은 공공행정, 현대적이고 혁신적인 기술, 산업, 은행 및 금융시스템, 법률, 외교, 군사업무, 의학 및 기타를 포함한 공공생활의 모든 영역에서 국어의 완전하고 정확한 사용을 달성하기 위해 교육기관에서 국어교육시스템을 더욱 개선하고 그 수준을 평가하고, 국민의 언어문화를 개선시키고, 국어가 정보 및 통신기술 특히 인터넷, 우즈베크어로 된 컴퓨터 프로그램 생성이 가능하도록 하고, 국어 규칙 위반에 대한 정기적이고 포괄적인 조치를 개발하고, 모든 국적과 민족들에게 국어의 학습 조건을 조성하고, 국제무대에서 국어의 역할과 위신을 강화시키고, 해외에 거주하는 동포와 우즈베크어를 배우고자 하는 외국인을 위한 우즈베크어 교재 개발 및 배포 및 우즈베크어 교육에 관한 특별 과정을 개발한다.

다섯째, 우즈베키스탄 법무부와 관련 부처들은 2개월 기간 동안 이 법안의 수정 및 보완 내용을 내각에 제안한다.

미르지요예프 정권이 추진했던 언어정책은 다음과 같은 문제점을 가지고 있다.

첫째, 왜 미르지요예프 정권은 우즈베크어가 가지는 국어로서 지위를 더욱 강화시키려고 하는가?

우즈베키스탄 통계위원회(The State Committee of the Republic of Uzbekistan on statistics)의 발표에 따르면, 2021년 1월 1일에 우즈베키스탄 전체 인구는 3천4백6십만 명이며, 이 중에서 우즈베크인은 전체 84.4%에 해당하는 2천9백2십만 명이었고 러시아인은 2.1%인 7십2만3백 명에 불과하였다.[23] 이러한 인구 분포를 고려하면 우즈베키스탄 정부가 국어로서 우즈베크어 지위를 더욱 강화시

---

23) https://www.gazeta.uz/uz/2021/08/19/population/(검색일: 2024.01.25.)

키려는 것은 이해할 수 있다. 그러나 2016년부터 시작된 우즈베키스탄 정부의 언어개혁에 대해서 해당 국가의 각 분야에서 활동하는 저명한 우즈베크 지식인들이 심하게 우려를 표하였다.[24] 그리고 법조인들도 '우즈베키스탄의 국어에 관한 새로운 법률 초안'에 대해서 과연 실효성이 있는지 반론을 제기하였다.[25] 실제로 1989년부터 우즈베키스탄 정부가 추진했던 우즈베크어의 국어화와 관련된 정책은 실패한 것으로 나타났기 때문에 우즈베크어와 러시아어 그리고 라틴문자와 키릴문자의 혼용은 이미 고착화되었고 해당 국가의 주민들은 불편함 없이 살고 있었다. 그런데 미르지요예프 정권은 새로운 라틴문자로의 교체 작업에 막대한 국가 예산이 소요되고 러시아어 구사자들의 반발이 나타날 것임이 자명함에도 불구하고 왜 다시금 국어로서 우즈베크어 지위를 더욱 강화시키려는 정책을 추진하려고 하는지 의문을 가지게 한다.

둘째, 미르지요예프 정권은 우즈베크어가 가지는 현실적 언어지위를 정말로 이해하지 못하고 있는 것일까?

1989년 '우즈베키스탄 국어에 관한 법률' 제정 이후 30년이 넘게 지났지만 우즈베크어는 여전히 러시아어를 대체할만한 언어적 지위를 갖지 못하고 있다. 특히 비즈니스, 광고, 언론매체, 인터넷, 과학기술, 의료 분야에서 우즈베크어는 러시아어가 가지는 국제적 수

---

24) https://vesti.uz/russkij-yazyk-nam-ne-chuzhoj/(검색일: 2024.01.25.)
25) https://tashabbus.org/davlat-tili-togrisidagi-qonun-tahrirga-muhtojmi/(검색일: 2024.01.25.)

준의 언어지위를 대체할 수 없는 수준에 있다고 분석되었다.[26] 우즈베키스탄 정부는 '우즈베키스탄의 국어에 관한 새로운 법률 초안'에 '국어개발부'(Department of State Language Development)를 설치하여 우즈베크어의 언어적 발전을 추진한다고 하였다.[27] 그러나 이러한 정책에 대해서 부정적인 시선이 강하게 나타나고 있다. 무엇보다 '우즈베키스탄의 국어에 관한 새로운 법률 초안'의 주요 내용은 헌법에 명시된 언어와 관련된 4조, 18조, 115조에 어긋나기 때문에 헌법의 수정이 필수적인 절차이다.[28] 따라서 미르지요예프 정권이 과연 지난 30여 년간 우즈베크어가 어떠한 현실적 언어지위를 가졌는지 과연 이해하지 못하고 이러한 새로운 정책을 추진하고 있는지 의문을 가지게 한다.

위와 같은 과정에서 나타나듯이 미르지요예프 정권이 추진하는 '우즈베키스탄의 국어에 관한 새로운 법률 초안'이 과연 국어로서

---

26) K. Aminov, V. Jensen, S. Juraev, I. Overland, D. Tyan, Y. Uulu. 2010. "Language Use and Language Policy in Central Asia," Central Asia Regional Data Review. Vol.2, No.1. (https://www.academia.edu/32586354/Language_Use_and_Language_Policy_in_Central_Asia(검색일: 2024.01.25.))

27) http://marifat.uz/marifat/ruknlar/Xalq_bilan_muloqot/4554.htm(검색일: 2024.01.25.)

28) 제4조. 우즈베키스탄 공화국의 국어는 우즈베크어이다. 우즈베키스탄 공화국은 자국 영토에 거주하는 모든 민족과 주민들의 언어, 관습 및 전통을 존중하고 그들의 발전을 위한 조건을 조성해야 한다. 제18조. 우즈베키스탄 공화국에서 모든 시민은 성별, 인종, 국적, 언어, 종교, 사회적 출신, 신념, 개인 및 사회적 지위에 관계없이 동일한 권리와 자유를 가지며 법 앞에 평등하다. 115조. 우즈베키스탄 공화국의 법적 절차는 우즈베크어, 카라칼팍어 또는 해당 지역의 대다수 인구가 사용하는 언어로 진행된다. 진행 중인 언어를 모르는 법원 절차에 참여하는 사람은 사건의 자료를 충분히 숙지하고 통역사를 통해 절차에 참여하고 모국어로 법원에 말할 권리가 있다.(https://constitution.uz/ən/clause /index(검색일: 2024.01.25.))

우즈베크어의 언어지위를 더욱 강화시키기 위해 추진되는 것인지 아니면 다른 목적을 가지고 기획된 것인지 의구심을 가지게 한다.

실제로 미르지요예프 정권이 발표한 일련의 언어정책에 대해서 일부 우즈베크인 정치인들과 각 분야의 엘리트들이 반대하고 나섰다.

2021년 4월에 국회(Oliy Majlis)에서 '민족부흥' 민주당('National Revival' Democratic Party)이 국회에서 의원들이 국어인 우즈베크어로만 연설하자는 제안에 대해서 다수의 의원들이 반대하였다. 국회 부의장인 카디로프(Kadyrov, Alisher)는 우즈베크어가 언어로서 약하다는 이유로, 민주자유당(Uzbekistan Liberal Democratic Party) 의원인 가니예프(Ganiev, Daniyar)는 이 문제와 관련해서 정부 기관과 시민들의 공식적인 의사소통이 있어야 한다는 이유로, 같은 당 의원인 쿠셰르바예프(Kusherbayev, Rasul)는 한 국가의 모든 사람에게 한 개의 언어를 국민의 언어로 의무화시키는 것은 옳지 않다는 이유로 반대하였다.[29] 우즈베키스탄 언론인 자릴로프(Jalilov, Kamil)는 이 사건을 소개하면서 미국, 러시아, 카자흐스탄, 키르기스스탄, 타지키스탄과 같은 다민족다문화 국가들의 사례에서도 나타나듯이 정부가 한 개의 언어만을 해당 국가의 모든 시민에게 강요하지 않는다고 하면서 현행 국어법에 명시되어 있는 언어

---

29) https://www.gazeta.uz/oz/2021/04/29/uzbek-language/(검색일: 2024.01.25.)

선택의 자유가 유지되어야 한다고 주장하였다.[30] 특히 그는 모든 국민이 국어를 학습할 수 있도록 조건을 마련하고 국어 교육을 무료로 규정하고 있는 국어법 4조 문항이 제대로 실시되고 있는지 의문을 제기하였다. 그리고 우즈베키스탄의 '러시아어 학교'에서는 초등과정 2학년부터 우즈베크어를 가르치지만 현재의 우즈베크어 교과서를 분석한 결과 그 내용과 교수법으로는 재학생들이 10년을 배워도 제대로 우즈베크어로 소통할 수 없다고 비판하였다. 그 외에도 과학과 기술과 관련된 외국어 문헌을 우즈베크어로 번역할 때 해당되는 우즈베크어 용어가 너무 없다고 주장하였다. 가니예프는 우즈베크어의 현실적 언어지위가 이 정도 수준인데 정치적으로 국어의 위상을 높이기 위해서 다른 언어의 사용을 제한한다고 우즈베크어를 배우려고 하겠느냐고 의문을 제기하였다.

2019년 4월에 타슈켄트에 있는 러시아문화원의 설립 25주년 기념행사가 열렸다. 이 시기는 미르지요예프 정권이 국어로서 우즈베크어를 더욱 강화시키려는 논의를 시작했을 때였다. 위 행사를 계기로 우즈베키스탄의 우즈베크인 예술가들이 자국의 러시아어 지위와 관련해서 공개적인 의견을 발표하였는데, 그들은 미르지요예

---

30) 미국 헌법에는 어떤 언어도 국어로 명시되어 있지 않다. 대부분의 정부기관은 비영어권 사용자의 권리를 보장하고 해당 개인에게 번역서비스를 제공해야 한다. 대부분의 주에서는 영어를 공식어로 선언했지만 공식어를 사용하지 않는 사람들에게 공공서비스를 거부하는 것은 차별로 간주한다. 러시아연방 헌법 68조에 러시아어가 국어라고 명시되어 있다. 그러나 러시아연방 내 각 공화국들은 국어를 자체적으로 결정할 수 있다. 예를 들어, 타타르스탄공화국 헌법에는 러시아어와 타타르어가 공용어로 규정되어 있다. 그리고 러시아연방의 시민이 법원에서 항소할 때 지정된 언어는 없다.

프 대통령이 우즈베키스탄과 러시아가 정치적, 경제적으로 통합하기 위해서 러시아어를 최대한 장려해야 한다고 했기 때문에 법적으로 러시아어의 지위를 바꾸는 문제에 사실상 반대한다고 했다.[31]

쥬수로프(Dzhusupov, Mahanbet)는 우즈베크소비에트사회주의공화국 당서기였던 라시도프(Rashidov, Sharof)가 '러시아어는 제2의 모국어'라고 처음 인정하였고 실제로 지금의 언어법 내용을 분석해 보면 사실상 러시아어가 우즈베키스탄의 국어 중 하나라고 결론내릴 수 있다고 주장하였다.[32]

3) 현실적인 우즈베크어 언어지위

우즈베크어의 현실적 언어지위에 대한 최근의 연구는 2020년에 발표된 울코(Alexey Ulko)의 논문에서 찾을 수 있다.[33] 그는 최근 몇 년 동안 우즈베키스탄에서 우즈베크어와 러시아어 사용 문제가

---

31) https://vesti.uz/russkij-yazyk-nam-ne-chuzhoj/(검색일: 2024.01.25.)

32) Mahanbet Dzhusupov. 2005. "The Social Functions and Status of Language in Multilingual Contexts" in National Development, Education and Language in Central Asia and Beyond (eds.) Hywel Coleman, Jamilya Gulyamova, Andrew Thomas. British Council Uzbekistan. p.11-18.(http://www.langdevconferences.org/publications/2003-TashkentUzbekistan/Chapter%202%20-%20The%20Social%20Functions%20and%20Status%20of%20Language %20in%20Multilingual%20Contexts-Mahanbet%20Dzhusupov.pdf(검색일: 2024.01.25.))

33) CEFR은 특정 언어의 읽기, 쓰기, 듣기, 대화 능력 등을 평가하여 A1, A2, B1, B2, C1, C2 6개 수준으로 나눈다. 기본사용자(Basic User)를 A등급, 독립사용자(Independent User)를 B등급, 숙련된 사용자(Proficient User)를 C 등급으로 한다. 구체적인 내용은 다음의 사이트 참조. https://www. coe.int/en/web/common-european-framework-reference-languages(검색일: 2024.01.25.)

다시 발생한 이유를 우즈베크가 국어로서 제 기능을 못하기 때문이라고 주장하면서 다음과 같이 우즈베크어의 현실적 지위를 분석하였다.

첫째, 지역의 다양한 방언을 국어에 포함시키지 못했다.

우즈베키스탄 정부는 사실상 타슈켄트 방언을 중심으로 표준화 작업을 하면서 지역 방언들을 국어에 포함하지 않았기 때문에 우즈베크어가 국어로서 지위를 갖지 못하는 것이다.

둘째, 문자의 잦은 교체가 우즈베크어를 국어로서 인정받지 못하게 하였다.

아프가니스탄의 우즈베크 디아스포라는 아랍문자에 그리고 주변 국가인 카자흐스탄과 키르기스스탄의 디아스포라들은 키릴문자에 익숙해져 있다. 따라서 1995년에 확정된 우즈베크어 라틴문자와 최근 2018년에 개발된 새로운 라틴문자로 인해서 이들은 모국어를 읽는데 불편함을 가진다. 그리고 우즈베키스탄 내부에서도 현재까지 인쇄물의 70%가 라틴문자보다 키릴문자로 제작되고 있다. 특히 학교에서 라틴문자 교재로 공부하고 집에서는 키릴문자 책들을 읽는 학생들의 불편함이 심한데 다시 새로운 라틴문자를 개발하는 것은 혼란만 가중시킬 것이다.

셋째, 우즈베크어는 의사소통의 범위를 확장시키는데 한계를 가진다.

언어의 가장 중요한 기능은 의사소통이다. 일반적으로 국어의 의사소통은 가정, 이웃과 친척, 학교, 직장 등으로 연장되고 확산된다. 그러나 우즈베크어의 의사소통 범위는 가정과 친척의 수준에서 멈춘다. 이러한 공간에서 이루어지는 의사소통의 주제는 상당히 제한적일 수밖에 없기 때문에 우즈베크어가 국어로서 기능을 하는데 한계를 가지게 된다.

넷째, 우즈베크어와 러시아어를 구사하는 우즈베크인 이중언어 사용자가 50-60%에 달한다.

유럽평의회(Council of Europe)는 언어 학습(Learning), 교육(teaching), 평가(assessment)와 관련된 '유럽언어공통기준'(Common European Framework of Reference for Languages, CEFR)을 만들었다.[34] 이것을 기준으로 우즈베크인의 우즈베크어 수준을 평가하면, 서면 의사소통과 추상적인 주제에 대해 문학어로서 의사소통에 어려움이 있는 것으로 나타났다. 이것은 모든 우즈베크인이 C2 수준에 있는 것이 아님을 의미한다. 우즈베키스탄 국내의 러시아어만 구사하는 자들은 A2에서 B1 수준 정도로 우즈베크어를 이해하는 반면에 러시아어는 C1과 C2 수준에 있다. 우즈베크인은 A1에서 B1에 이르는 제한된 범위에서 러시아어를 구사할 수 있는데, 이러한 자들이 인구의 약 50-60%를 차지하며 이는 우

---

[34] CEFR은 특정 언어의 읽기, 쓰기, 듣기, 대화 능력 등을 평가하여 A1, A2, B1, B2, C1, C2 6개 수준으로 나눈다. 기본사용자(Basic User)를 A등급, 독립사용자(Independent User)를 B등급, 숙련된 사용자(Proficient User)를 C 등급으로 한다. 구체적인 내용은 다음의 사이트 참조. https://www.coe.int/en/web/common-european-framework-reference-languages(검색일: 2024.01.25.)

즈베키스탄에 있는 러시아인 수의 20배를 초과한다.

〈표-1〉 공통참고수준: 국제 규모(Common Reference Levels: global scale)[35]

구분		수준
숙련된 사용자 (Proficient User)	C2	• 듣거나 읽는 거의 모든 것을 쉽게 이해할 수 있다. • 다양한 구어 및 서면 출처의 정보를 요약하여 일관된 프레젠테이션으로 주장과 설명을 재구성할 수 있다. • 더 복잡한 상황에서도 의미의 미세한 음영을 구별하여 자발적이고 매우 유창하고 정확하게 표현할 수 있다.
	C1	• 길고 긴 텍스트를 광범위하게 이해하고 내포된 의미를 인식할 수 있다. • 뚜렷한 표현을 찾지 않고도 유창하고 자발적으로 자신을 표현할 수 있다. • 사회적, 학문적, 직업적 목적을 위해 유연하고 효과적으로 언어를 사용할 수 있다. • 복잡한 주제에 대해 명확하고 잘 구조화된 상세한 텍스트를 생성할 수 있으며 조직 패턴, 커넥터 및 응집력 있는 장치의 통제된 사용을 보여준다.
독립사용자 (Independent User)	B2	• 자신의 전문 분야에서 기술적인 토론을 포함하여 구체적이고 추상적인 주제에 대한 복잡한 텍스트의 주요 아이디어를 이해할 수 있다. • 어느 정도의 유창함과 자발성으로 상호 작용할 수 있어 어느 쪽이든 부담 없이 원어민과 정기'적으로 상호 작용할 수 있다. • 광범위한 주제에 대해 명확하고 상세한 텍스트를 생성하고 다양한 옵션의 장점과 독립적인 단점을 제공하는 주제에 대한 관점을 설명할 수 있다.
	B1	• 직장, 학교, 여가 등에서 일상적으로 접하는 친숙한 문제에 대한 명확한 표준 입력의 요점을 이해할 수 있다. • 해당 언어가 사용되는 지역을 여행하는 동안 발생할 수 있는 대부분의 상황을 처리할 수 있다. • 친숙하거나 개인적으로 관심이 있는 주제에 대해 간단한 연결된 텍스트를 생성할 수 있다. • 경험과 사건, 꿈, 희망과 포부를 기술할 수 있고 의견과 계획에 대한 이유와 설명을 간단히 할 수 있다.

---

35) Council of Europe. Common European Framework of Reference for Language: Learning, teaching, assessment. p.24. https://rm.coe.int/1680459f97(검색일: 2024.01.25.)

구분		수준
기본사용자 (Basic User)	A2	• 가장 직접적인 관련성이 있는 영역(예: 매우 기본적인 개인 및 가족 정보, 쇼핑, 지역 지리, 고용)과 관련된 문장과 자주 사용되는 표현을 이해할 수 있다. • 익숙하고 일상적인 문제에 대한 간단하고 직접적인 정보 교환이 필요한 단순하고 일상적인 작업에서 의사소통할 수 있다. • 자신의 배경, 즉각적인 환경, 시급히 필요한 분야의 문제를 간단한 용어로 설명할 수 있다.
	A1	• 구체적인 유형의 요구를 충족시키기 위해 친숙한 일상 표현과 매우 기본적인 구문을 이해하고 사용할 수 있다. • 자신과 다른 사람을 소개할 수 있고 거주지, 아는 사람, 소지품과 같은 개인 정보를 묻고 답할 수 있다. • 상대방이 천천히 명확하게 말하고 도울 준비가 되어 있다면 간단한 방식으로 상호작용할 수 있다.

다섯째, 정보교환에 있어서 여전히 러시아어가 우즈베크어보다 앞서있다.

러시아어와 우즈베크어를 모국어로 사용하는 사람은 정보교환을 위한 의사소통에서 러시아어를 선택할 것이다. 예를 들면, 러시아어를 하는 친구와 대화를 하거나 러시아어 텔레비전을 볼 때와 같은 수준의 정보를 우즈베크어로부터 받기 힘들다. 그리고 인터넷상에서 러시아어를 사용하면 다양한 정보에 더 신속하게 접근할 수 있다.

여섯째, 우즈베크어를 러시아어 구사자들에게 제대로 가르칠 수 있는 교사를 양성해야 한다.

현재 우즈베키스탄에서 러시아어 구사자 중에서 특히 성인들을 대상으로 하는 우즈베크어 강좌는 사실상 없으며 교사도 부족하다.

이러한 상황에서 소수민족들이 우즈베크어를 국어로 인정하는 것은 힘들다.

울코는 이와 같은 우즈베크어의 현실적 언어상황을 분석하면서 우즈베키스탄의 언어문제 해결을 위해 정치적 논리로 접근하는 것은 위험하다고 주장하였다.

우즈베키스탄 역사학자인 알림자노프(Alimdjanov, Bakhtiyor)는 우즈베크인의 입장에서 우즈베크어가 정치와 과학의 언어로 존재할 수 없는 이유를 다음과 같이 분석하였다.[36]

첫째, 과학과 예술 부문에 우즈베크어는 존재하지 않는다.

과학과 예술 부문에서 우즈베크어의 실체가 없기 때문에 국어로 우즈베크어가 발전하지 못한다. 우즈베크어가 국어로서 발전하기 위해서는 이러한 언어를 개발해야 한다.

둘째, 우즈베키스탄의 고위 공무원들은 러시아어 사용을 선호한다.

우즈베키스탄의 전체 엘리트들은 과거 소비에트 체제하에서 러시아어로 교육받고 정부 기관에서 일했기 때문에 국어인 우즈베크어 구사력이 형편없다. 따라서 그들은 러시아어를 여전히 선호하고 있으며 러시아어 보고서를 별도로 원하고 있다. 의회에서 법적으로

---

36) Bakhtiyor Alimdjanov. 2019. "Uzbekistan: Why Uzbek Language Has Not Become a Language of Politics and Science?," Central Asian Bureau for Analytical reporting. pp.1-10. (https://cabar.asia/en/uzbekistan-why-uzbek-language-has-not-become-a-languag e-of-politics-and-science(검색일: 2024.01.25.))

러시아어 사용이 가능하기 때문에 법률과 관련된 우즈베크어 역시 발전할 수 없다.

셋째, 문학어로서 우즈베크어는 도태되고 있다.

소비에트 체제하에서 발간된 우즈베크어 문학작품들이 현대의 그것보다 훨씬 더 문학어로서의 우즈베크어 가치를 높여주었다.

넷째, 엘리트주의의 표기로 러시아어가 여전히 존재하고 있다.

우즈베크인들 사이에서 러시아어를 모르는 우즈베크인을 네안데르탈인이라고 한다. 이처럼 자신이 엘리트라는 것을 보여주기 위해서 우즈베크인들은 러시아어를 버릴 수 없다.

다섯째, 인터넷상에서 우즈베크어는 정체성을 잃고 있다.

인터넷상에서는 너무나 다양한 주제의 정보들이 있다. 그러나 우즈베크어에는 없는 너무나 많은 어휘가 존재한다. 우즈베크어도 표준화된 신조어 개발이 필요하다. 이러한 정책이 없기 때문에 우즈베크인 인터넷 사용자가 영어와 러시아어로부터 표준화되지 못한 우즈베크어 신조어를 양산해 내고 있다.

알림자노프는 위와 같은 상황이 계속된다면 우즈베크어는 국어로서의 기능도 못하는 것은 물론 반현대적인 언어로 남을 것이라고 우려하였다.

이처럼 우즈베키스탄의 각 분야에서 활동하는 우즈베크인 엘리트들이 자신의 국어인 우즈베크어를 불신하고 있으며 여전히 러시아어가 자국에서 중요한 언어라는 것을 공개적으로 밝힌 점을 통해서 우즈베크어의 현실적 언어지위를 이해할 수 있었다.

이러한 인식은 교육에서도 나타난다. 타슈켄트의 우즈베크인 주민들은 여전히 우즈베크어 학교를 불신하고 자녀들을 가급적 러시아어 학교에 입학시키려고 한다.[37] 지방에서도 러시아어는 여전히 중요한 언어로 남아있다. 국어법이 발효된 이후 우즈베크어 학교에서 러시아어 교육 시수가 감소하였고 지방에서는 러시아어 교사가 부족해서 제대로 된 러시아어 교육을 받지 못해 우즈베크인 학생들이 러시아어를 제대로 구사하지 못하는 상황이 조성되었다. 그러나 지방의 학생들은 공학, 의학 분야에서 여전히 러시아어 용어가 사용되고 있기 때문에 러시아어를 배워야만 하고, 타슈켄트로 유학을 가면 역시 러시아어의 필요성을 실감하게 된다. 특히 러시아가 2000년 이후 전 세계적인 고유가 현상으로 단기간에 고도의 성장을 하면서 지방의 우즈베크인이 그곳으로 이주노동을 떠나면서 러시아어는 다시 지방에서 확산되기 시작하였다.[38]

4) 미르지요예프 언어정책의 현실적 의도 이해

기본적으로 '국어로서의 우즈베크어 명성과 지위를 혁신적으로 향상시키기 위한 조치'의 대통령령은 국가의 모든 문서를 우즈베크

---

37) https://www.amerikaovozi.com/a/5132849.html(검색일: 2024.01.25.)
38) 2014년에 러시아의 외국인 이주노동자 중 31.2%가 우즈베크인이었으며, 2013년에 이들이 본국으로 송금한 액수는 우즈베키스탄 GDP의 11.7%에 달했다. 이와 관련된 구체적인 내용은 다음의 논문 참조. 변현섭. 김진영. 2015. "러시아 내 이주노동자 문제와 정책적 과제: CIS 국가 간의 노동이주를 중심으로," 아태연구. Vol.22, No.1. pp.5-40.

어로 하겠다는 것을 의미한다. 기존에는 행정부, 입법부, 사법부의 모든 문서가 러시아어를 비롯한 소수 민족어로 번역이 되었다. 그러나 '우즈베키스탄의 국어에 관한 새로운 법률'이 통과되면 이러한 서비스는 사라진다.

위의 대통령령과 현재 준비되고 있는 '우즈베키스탄의 국어에 관한 새로운 법률'은 30년 동안 우즈베크인과 소수민족들에게 고착화된 우즈베키스탄의 언어상황을 완전히 뒤집게 된다. 이러한 이유로 우즈베크인 정치인과 엘리트들조차 이러한 조치에 대해서 반대하고 있고 나아가 러시아 정부, 언론, 전문가들도 우려를 표하고 있다.[39]

미르지요예프 정권이 우즈베크어를 국어로서 기능을 하게 만드는 것은 당연한 결정이다. 그러나 이를 법제화하려면 헌법을 수정해야만 하는데 이것과 관련된 정부의 발표는 없다. 모든 것을 떠나서 다음과 같은 문제제기를 하고자 한다. 미르지요예프 정권이 장기간에 걸쳐 막대한 예산을 투자하여 우즈베크어가 그러한 기능을 갖춘다면 우즈베크인과 소수민족들이 그것을 받아들이고 실행에

---

[39] 2020년 5월 14일 러시아 외무부는 타슈켄트에 '우즈베키스탄의 국어에 관한 새로운 법률'이 채택되어서 않다고 권고했다. 이에 대해 우즈베키스탄 정치인들은 러시아가 내정 간섭한다고 경고했다.(htt ps://www.atlanticcouncil.org/blogs/new-atlanticist/the-role-of-russia-and-the-russian-lan guage-in-post-karimov-uzbekistan/(검색일: 2024.01.25.)). 러시아 국영 언론사 스푸트니크뉴스(sputniknews)가 2020년 4월 28일에 관련 전문가와 시민들의 인터뷰를 바탕으로 이 문제를 기사화시켰다.(https://uz.sputniknews.ru/20200428/Novyy-zakonoproekt-o-gosyazyke-v-Uzbekista ne--mnenie-ekspertov-i-grazhdan-14018186.html(검색일: 2024.01.25.))

옮길 것인가?

　미르지요예프 정권의 새로운 언어정책은 소비에트정부의 러시아어 통일화 정책과 그리고 카리모프 정권의 우즈베크어의 국어화 정책과 유사하다. 소비에트연방에 존재하는 다양한 민족들을 '소비에트시민화'시키기 위해서 그리고 우즈베키스탄에 존재하는 다양한 씨족들을 '우즈베크화'시키기 위해서 스탈린과 카리모프는 소수 민족어와 방언들을 무시하고 러시아어와 그리고 타슈켄트 방언을 그 도구로 활용하였다. 러시아어는 지속적으로 발전된 언어였고 국제어였기 때문에 충분히 소비에트연방의 소수민족들이 이를 수용할 수 있었다. 그러나 우즈베크어는 러시아어와 달랐다. 소비에트정부는 기존의 아랍문자로 사용된 우즈베크어로 인해서 문맹률이 높았기 때문에 키릴문자로 전환시켜주었다. 그리고 무상교육을 통해서 우즈베크어 학습이 가능하도록 하였다. 그러나 러시아어가 상위언어였기 때문에 우즈베크인들이 우즈베크어를 발전시킬 수 없었다. 독립 이후에도 카리모프 정권은 사실상 우즈베크어가 국어로서 기능을 할 수 있도록 정책을 전개하지 않았고 이로 인해서 우즈베키스탄에서 러시아어 영향력은 여전히 강하게 남아있다. 사실상 100년 정도 방치된 우즈베크어를 이제 미르지요예프 정권이 진정한 국어로 만들겠다고 추진하고 있다. 특히 주목할 부분은 카리모프 정권은 러시아와 우호적이지 못한 관계였지만 자국의 러시아어 사용을 통제하지는 않았던 반면에 미르지요예프는 러시아와의 관계를 대폭 개선하고 지원까지 받으면서도 자국의 러시아어 사용에 강력한 제한을 가하고 있다는 점이다.[40] 따라서 역사적으로, 사회언어학적으로, 정치적으로 보아도 현재의 우즈베키스탄에서 우즈베크어의 언어적 지위를 강화시키려는 미르지요예프 정권의 의도는 이해하기 힘들다고 결론 내려진다. 이러한 상황과 의문을 고려하여 새로운 언어정책을 추진하는 미르지요예프 정권의 또 다른 목적을 추정하면 다음과 같다.

첫째, 우즈베크어로 우즈베크인 중심의 통합을 목표로 한다.

중앙아시아 전문가인 슐리테러(Schlyter, Birgit)는 1991년 독립 이후 우즈베크어가 신생국을 통합하는 중요한 상징적 역할을 수행했다고 주장하였다.[41] 카리모프 정권이 구상했던 우즈베크어를 통한 통합은 우즈베크인뿐만 아니라 소수민족들도 포함시킨다는 의미를 가졌다.[42] 그는 마치 소비에트체제하에서 소수민족들이 러시아어 구사력을 높여서 출세하고 국가정체성을 확립했던 것과 같이 우즈베크어를 그렇게 만들고 싶어했던 것이다. 그러나 신생 독립국 우즈베키스탄에서 우즈베크어는 러시아인을 비롯한 소수민족들에

---

40) https://www.atlanticcouncil.org/blogs/new-atlanticist/the-role-of-russia-and-the-russian-language-in-post-karimov-uzbekistan/(검색일: 2024.01.25.)

41) Birgit Schlyter. 2012. "Language Policy and Language Development in Multilingual Uzbekistan in Language policy and language conflict in Afghanistan and its neighbors" in the changing politics of language choice (eds.) Schiffman, Harold. (Leiden: Brill Academic Publishers) p.187.

42) Birgit Schlyter. 1998. "New Language Laws in Uzbekistan," Language Problems and Language Planning. Vol.22, No.2. p.170.

게 출세의 보장도 국가정체성의 확립도 제공하지 못했다. 독립 후 우즈베키스탄의 낙후된 경제상황에서 소수민족이 우즈베크어를 잘 구사한다고 해도 부나 명예가 따라오지 못했다. 오히려 러시아로 이주노동을 떠나는 것이 훨씬 더 잘살 수 있는 방법이었다. 이러한 이유로 카리모프 정권의 우즈베크어를 통한 대국민적 통합은 실패하였다. 이러한 관점에서 보면 미르지요예프 정권의 언어정책이 가지는 목표는 우즈베크인 중심의 통합에 있다고 판단된다. 이것은 소비에트 체제하에서의 러시아어가 소수민족들의 체제에 대한 충성도를 테스트했던 도구였던 것처럼 미르지요예프 정권은 국어로 만든 표준화된 우즈베크어를 통해서 역사적 정체성이 다른 씨족 중심의 지역파벌들을 하나의 '우즈베크민족'으로 통합하고 이들이 자신에게 얼마나 충성하는지를 알아보는 척도로 활용하고자 하는 것 같다. 이것은 결국 미르지요예프 정권이 장기독재의 기반을 구축하는 것과 연결되기 때문이다. 슐리테러는 우즈베키스탄에서 추진된 언어개혁은 정권 차원에서 보면 정치적 방향을 전환시키는 도구라고 하였다.[43] 따라서 미르지요예프는 자신을 지지하는 세력을 동원하여 언어정책을 통해 정치적 목적을 달성하려고 할 수 있다.

둘째, 언어 선택의 결정권을 소수민족에게 넘겼다.

---

43) Birgit Schlyter. 2012. "Language Policy and Language Development in Multilingual Uzbekistan in Language policy and language conflict in Afghanistan and its neighbors" in the changing politics of language choice (eds.) Schiffman, Harold. (Leiden: Brill Academic Publishers) p.204.

위의 대통령령이나 법안 내용을 보면 명백하게 러시아어가 우즈베키스탄 문어에서 배제될 수밖에 없다. 이러한 상황에서 러시아어만 구사하는 국민들이 선택할 수 있는 길은 러시아로 완전히 이주하던지 아니면 국어로서 기능을 가지는 우즈베크어를 배우는 것이다. 그런데 여기서도 카리모프 시기와 동일한 우즈베키스탄 경제가 발전하느냐 하지 않느냐하는 변수가 나타난다. 만약에 발전적으로 변화된다면 러시아어만 구사하는 자들이 우즈베크어를 배울 가능성이 높다. 그러나 실패한다면 이들에게 우즈베키스탄에서의 거주는 과거보다 훨씬 더 힘들 것이다. 미르지요예프 정권은 2017년 9월 2일부터 외환자유화와 환율단일화를 추진하면서 카리모프 통치 시기와는 완전히 다른 자본주의 시장 환경을 조성하고 있다. 아직까지 그 성과가 비약적이라고 판단하기는 힘들다. 그러나 어떤 형태로 결과가 나타나는 것과 상관없이 미르지요예프 정권은 소수민족들 스스로에게 언어선택권을 넘겼다고 판단할 수 있다.

미르지요예프 정권은 UN 총회에서 우즈베키스탄 대통령으로서는 처음으로 우즈베크어로 연설할 만큼 새로운 국어법을 강력하게 밀어붙이고 있다. 그리고 '국어로서의 우즈베크어 명성과 지위를 혁신적으로 향상시키기 위한 조치'의 대통령령과 '우즈베키스탄의 국어에 관한 새로운 법률' 초안을 법적 토대로 만들고 있다. 그 결과 카리모프 정권에서는 없었던 우즈베크 정치인과 엘리트들 그리고 러시아까지 가담하여 미르지요예프의 언어정책에 반대하고 있다.

이러한 상황임에도 불구하고 미르지요예프가 새로운 언어정책을 추진하는 것은 결국 다른 의도가 있기 때문에 가능하였다. 따라서 그가 카리모프와 같이 안정적인 장기독재의 기반을 구축하기 위해서 언어정책을 도구로 활용하는 것이 아닌지 예상하게 만들고 있다.

언어학자 조태린은 언어정책은 언제나 특정한 정치적 의도나 이데올로기로부터 자유롭지 않으며, 그것이 다수 국민의 이해에 반하는 것일 수도 있다고 했다. 그리고 국가가 언어 사용 문제에 대해 전혀 개입하지 않는 것이 불가능하다면, 그러한 개입이 낳을 수 있는 문제를 최소화하고 장점을 최대화하려는 긍정적인 시각이 필요하다고 주장하였다.[44] 따라서 미르지요예프 정권이 현재 추진하고 있는 언어정책은 문제를 최대화하고 있는 것으로 판단된다.

---

44) 조태린. 2010. "언어 정책이란 무엇인가," 새국어생활. Vol.20, No.2. p.129.

3. 우즈베키스탄 사회의 러시아어

1) 우즈베키스탄 사회에서 러시아어의 위상

우즈베키스탄이 독립한 후 우즈베크어가 헌법에서 국어로 언어적 지위가 격상되었지만, 다음과 같은 문제점을 가지고 있었다.

첫째, 제대로 된 우즈베크어 교재가 없었다.

과거 소비에트연방 시기에 우즈베크어가 국제어로써 사용되지 못했기 때문에 외국인들이 우즈베크어를 배우려고 하여도 마땅한 교재가 없었다.[45] 기존에 러시아어 사용자들을 위해 출간되었던 우즈베크어 교재조차도 초급수준을 벗어나지 못했다. 독립 이후에도 우즈베크어의 국어정책에 걸맞은 새로운 교재가 만들어지지 못하고 있다.

둘째, 우즈베크어 교육이 제대로 시행되지 못했다.

독립 이후 출간된 간행물들은 우즈베크어로 쓰인 것이 대부분이

---

45) 과거 소비에트연방 시기에 러시아어는 상위언어(high code)로 사용되고 민족어는 하위언어(low code)로 기능하였다. 자세한 내용은 다음의 문헌 참조. 허승철. 2002. "중앙아시아의 언어정책," 이중언어학. No.21. p.334.

다. 단지 정부의 법령과 관련된 문헌들은 러시아어판을 사용하고 있다. 러시아어 사용자들은 국가 내부의 정보를 습득하는 데 어려움을 가지고 있다. 이러한 현상은 우즈베키스탄 정부가 러시아어를 사용하는 러시아인을 비롯한 소수민족들에게 우즈베크어 교육을 제대로 하지 않았기 때문에 나타났다.

셋째, 우즈베크어를 모르면 우즈베키스탄을 연구할 수 없게 되었다.

연구자들이 학술지에 연구논문을 게재할 때도 우즈베크어 사용을 원칙으로 하고 있다. 그러나 우즈베크어를 모르는 학자들은 러시아어를 사용하여 연구논문들을 기고하고 있다. 러시아어만을 아는 학자들은 우즈베크어 논문을 읽을 수 없으므로 시간이 지날수록 정보공유의 틈이 생기고 있다. 게다가 독립 이후에 발표된 자료들은 우즈베크어로 나오기 때문에 러시아어만 아는 학자들은 앞으로 연구논문을 쓰기 위해서 우즈베크어를 배워야만 한다. 그러나 위에서 언급한 것처럼, 정부 차원에서의 우즈베크어 교육이 없다면 그들의 연구 활동은 중단될 것이다. 반대로 우즈베크 학자들은 과거에 러시아어로 출판된 책들을 참고하여 논문을 적는다.[46]

결론적으로 우즈베키스탄의 대외적인 언어는 아직도 러시아어이다.

---

46) 러시아어만을 구사하는 학자들은 학술대회를 할 때 당혹한 표정을 감추지 못한다. 우즈베크 학자들이 공식적으로 우즈베크어만으로 학술대회를 진행하고 있기 때문이다. 다만 러시아인 학자가 발표할 때, 우즈베크 학자들은 러시아어를 사용한다.

우즈베키스탄 사회에서 러시아어가 가지는 실질적인 위상은 다음과 같다.

첫째, 우즈베키스탄 국민은 정부의 언론통제로 인해서 정보 습득을 러시아로부터 얻고 있다. 국내상황 정도는 우즈베크어로 쓰인 언론매체를 통해서 얻을 수 있지만, 폭넓은 해외정보는 러시아 언론매체에 아직도 의존하고 있다. 대부분 가정에서는 케이블 TV를 설치하여 러시아 방송을 실시간으로 즐기고 있다.[47]

둘째, 과거 소비에트연방 시기에 형성되었던 엘리트층과 그 가족은 독립 정부 출범 이후 기득권을 유지하기 위해서 우즈베크어를 새롭게 공부하였다. 따라서 이들은 우즈베크어를 완벽하게 구사하지 못한다. 러시아어를 사용하다가 우즈베크어를 사용하는 이중적 언어행위를 하는 것이다. 이것이 현재의 우즈베키스탄 엘리트층의 현실이다. 그리고 이들의 자녀들도 과거 소비에트연방 시기에 러시아어 학교에 다녔기 때문에 부모와 마찬가지로 우즈베크어를 새롭게 습득하였다.[48]

셋째, 일부 우즈베크인은 자국의 경제적인 낙후로 인해서 러시아

---

47) 우즈베크인은 우즈베키스탄 국영 채널을 잘 보지 않는다. 대통령의 우상화 작업과 언론통제로 인해 정보를 객관적으로 얻지 못하기 때문이다.
48) 1979년 인구센서스는 다음과 같이 주장한다. 1970년도에서 1979년 사이에 우즈베크어 원주민들 중에서 러시아어를 유창하게 말하는 자들이 13.5%에서 49.3%로 올랐다. 이러한 주장은 조금도 과장이 없다. 당시에 소비에트 구조에 따르면 러시아어 지식의 정도가 사회적 출세를 보장하였기 때문이다. 자세한 내용은 다음 논문 참조. Gregory Gleason. 1995. "Language, Culture, and Politics in Central Asia," International Issues. Vol.38, No.6. p.83.

로 사업이나 이주 노동을 하기 위해 떠난다. 그러기 위해서는 러시아어를 필수적으로 알아야 한다. 이러한 경향은 젊은 층에서 나타난다. 위에서 말했듯이, 젊은이들이 대외적으로 관심을 가지게 되는 새로운 정보는 러시아를 통해서 들어오기 때문에 더욱더 그러하다.[49] 소수민족들이 우즈베크어를 배우지 않는 이유도 러시아의 영향력이 아직 우즈베키스탄에 전반적으로 영향을 미치는 것을 인식하기 때문이다.[50]

우즈베크인은 우즈베크어가 헌법에 국어로 명시된 것에 대해서 자부심을 느끼고 있다. 그러나 러시아어를 사용하지 않으려고 의도적으로 노력은 하지 않는다. 예를 들면, 러시아인에게 러시아어로 유창하게 이야기를 하는 것에서 자신의 교육 수준을 보여주기를 원한다. 만약에 러시아어로 의사소통이 되지 않는다면 같은 우즈베크인 사이에서도 보이지 않는 무시를 당하게 된다.[51]

우즈베크인은 무엇보다도 우즈베크어가 2005년부터 라틴문자로

---

49) 예를 들면, 젊은이들이 선호하는 해외유명 패션잡지는 러시아어로 번역된 번역판이 러시아에서 들어온다.

50) 소수민족 청년세대들은 이미 공공기관에 근무하려는 의지를 가지고 있지 않다. 이유는 비록 자신이 우즈베크어를 습득하여 취직을 한다고 하더라도 임금이 형편없이 적기 때문이기도 하지만 수적으로 우위에 있는 우즈베크인과 경쟁을 하는데 있어서 희망이 보이지 않기 때문이기도 하다. 자세한 내용은 다음 논문 참조. 성동기. 2001. "우즈베크 다민족정책과 민족주의: 현재의 시대적 상황에 따른 고려인의 위상 재조명," 在外韓人硏究. No.11. pp.115-116.

51) 러시아어를 제대로 구사하지 못하는 우즈베크인은 가정환경, 직업의 종류 그리고 세대에 따라서 나타난다. 시골지역 출신의 젊은 노동자들은 러시아어를 유창하게 구사하지 못한다. 이것은 자신의 출신배경을 드러내는 것이기 때문에 학교교육 이수를 제대로 하지 못한 사람으로 인식되어 진다.

바뀌는 것에 대해서 혼란스러워하고 있다. 키릴문자에 익숙한 기성세대들은 라틴문자에 익숙하지 못하기 때문에 라틴문자로 출간된 책자를 읽는 것이 힘들다고 솔직히 인정하고 있다. 이것은 문서상으로 세대 간 의사소통이 단절될 수 있음을 의미한다.[52]

그리고 우즈베크 초등학생은 러시아어 습득에 대해서 과거만큼 필요성을 느끼지 못하고 있다. 실제로 러시아 초등학생들과 우즈베크 초등학생들은 의사소통이 되지 않고 있다.

2) 우즈베크어의 보완적인 수단으로서 러시아어가 가지는 기능

우즈베크어는 위에서 언급한 것처럼, 과거 소비에트연방 시기에 주로 구어체로서 기능을 담당하였기 때문에 문어체로서 기능하기에는 아직 부족한 부분이 있다. 게다가 준비되지 못한 독립과 언어정책으로 인해 이 부분에 관한 연구 역시 제대로 이루어지지 못했으며, 현재에도 우즈베크 구어체와 문어체에서 사용되고 있는 러시아어 차용어휘들, 문법 등을 순수 우즈베크어로 대체하려는 연구가 진행되지 못하고 있다. 앞으로 이 부분에 대한 우즈베크 학자의 연구가 진행되어야 할 것이다.

우즈베크어의 보완적인 수단으로서 러시아어가 활용되고 있는

---

52) 현재 초등학교 6학년을 기준으로 이 혼란은 시작한다. 6학년 이하는 끼릴문자를 읽지 못한다. 반대로 6학년 이상과 기성세대는 라틴문자 읽기에 어려움을 가진다. 영어에 익숙한 외국인들이 오히려 잘 읽는다. 자세한 내용은 다음 논문 참조. 성동기. 2001. "우즈베크 다민족정책과 민족주의: 현재의 시대적 상황에 따른 고려인의 위상 재조명," 在外韓人硏究. No.11. p.114.

경우는 다음과 같다.

첫째, 이공계 분야에 러시아어 어휘 차용이 일반적이다.

자연과학, 기술, 첨단산업과 같은 분야를 표현하기 위해서는 아직 순수한 우즈베크어 어휘가 부족하다. 우즈베크인은 이러한 부분을 채우기 위해 먼저 러시아어 어휘를 차용하고 있다. 무엇보다도 이러한 언어 행위에 대해서 우즈베키스탄 정부의 적극적인 관심은 없다. 이것은 국가 지도층 인사들 역시 러시아어에 익숙해져 있다는 것을 의미한다.

둘째, 우즈베크인은 우즈베크어의 표현에 있어서 러시아어 동사를 변형시켜 사용한다.

예를 들면, '상의하다'라는 표현을 사용할 때, '상의한다'라는 러시아어 동사인 обсудить에서 –ь를 탈락시키고 ' - 하다'의 우즈베크어 동사 килмоқ과 결합하여 обсудит киламиз(우리 상의해 봅시다) 라고 사용한다. 여기에 해당하는 순수 우즈베크어 단어가 있지만, 우즈베크인은 단순히 습관적으로 이와 같은 표현을 사용한다. 이러한 형태를 가지는 몇 가지 표현을 살펴보면 다음과 같다.

распечат килмоқ(프린트하다, 인쇄하다)

звонит килмоқ(전화를 걸다), печат килмоқ(타자를 치다)

셋째, 러시아어 명사를 килмоқ과 결합하여 표현하기도 한다.

이러한 형태는 다음과 같이 나누어진다.

신조어 표현	ксерокопия қилмоқ(복사하다)
습관적 표현	обед қилмоқ(점심먹다), заказ қилмоқ(예약하다)

순수 우즈베크어에 존재하지 않는 산업, 기술적 어휘를 표현하기 위해 우즈베크인은 러시아어 명사와 қилмоқ을 결합하여 사용한다. 그러나 습관적으로 러시아어 명사와 қилмоқ을 결합하여 사용하는 경우에는 순수 우즈베크어 어휘가 존재한다. 그러나 우즈베크인은 과거 러시아어 명사에 익숙해 있는 어휘들을 순수 우즈베크어 어휘보다 선호한다. 이러한 행위는 구어체에서 대부분 나타난다.

넷째, 우즈베크인은 러시아어 구어체 표현에 나타나는 비문법적인 표현의 어휘들을 우즈베크어 어휘에 적용시켜서 똑같이 비문법적인 번역을 통해 사용한다.

예를 들면, келинг=давай(те), кетдик=пошли 등이 있다. келинг은 келмоқ(오다)의 동사원형을 давай(те)와 마찬가지로 명령형 형태로 변환하여 "자!, 빨리 빨리!" 등으로 동일하게 사용하고 있다. кетдик은 кетмоқ(떠나다) 동사원형의 1인칭 복수 과거형 형태로서 пошли(가자! 갑시다!)와 같은 의미를 가진다. 실제로 위에서 언급한 어휘들도 대부분 러시아어 표현 그대로 사용을 많이 한다.

다섯째, 우즈베크어에서 달의 어휘는 러시아어와 동일하다. 그러나 어미상의 변화가 일어나면 – ь는 탈락된다.

декабрь => декабрда(12월에) апрель => апрелгача(4월까지)

여섯째, 우즈베크인이 습관적으로 사용하는 러시아어 부사는 다음과 같다.

вовсе, нормально, сразу, просто, серьёзно, специально, точно

우즈베크어에서도 이에 상응하는 어휘가 존재한다. 위의 어휘는 실생활에서 사용되는 빈도가 높은 것들이다. 과거 소비에트 시대에 러시아어를 배우면서 이러한 어휘들에 익숙해진 우즈베크 기성세대들이 장기간 습관적으로 사용을 함으로써 현재의 젊은 세대들도 따라서 사용하고 있다.

일곱째, 우즈베크어는 문장의 표현에 있어서 러시아어 문장을 그대로 번역하여 사용하는 경우가 있다.

예를 들면 다음과 같다.

	새해를 축하합니다
러시아어	поздравляю вас с новым годом
우즈베크어	тавликлайман янги йил билан
터키어	Yeni yil kutlu olsun

우즈베크어로 "새해를 축하합니다"라는 표현은 러시아어 표현을 그대로 번역해서 사용한 것이다. 기본적으로 투르크어는 동사 "축하한다"의 대상을 목적어로 받는다. 터키어에서는 목적어로서 "새해"를 표현하였다. 그러나 우즈베크어에서는 후치사 билан을 사용하여 러시아어 전치사 c와 같은 의미로 표현하였다. 만약에 우즈베크어로 이러한 표현을 하는데 있어서 билан을 제외하고 말을 하거나 작문을 한다면 잘못된 것이 된다. 우즈베크어에서 목적어를 수반하는 "축하한다"의 표현은 없다.

3) 우즈베크인의 이중언어 행위

우즈베크인의 이중언어 행위는 역사적 배경에서 출발한다.

우즈베크인의 민족적인 출발은 현재 중앙아시아 지역의 원주민에서 시작한다. 그러나 페르시아, 투르크, 아랍, 몽골, 우즈베크의 침략으로 인해 민족적 동화가 지속적으로 이루어졌으며, 특히 페르시아계와 투르크계가 주요한 부분을 차지했다. 이러한 주변민족들의 침략을 통해 이루어진 우즈베크인의 역사는 동시에 언어부문에서도 나타났다. 현재의 우즈베크어는 이 지역을 지배하였던 주변 민족들의 언어에서 차용한 어휘들이 많이 포함되어 사용되고 있다. 게다가 우즈베크는 남부 러시아 킵차크 초원지대의 투르크계 유목민으로 규정되어 있기 때문에 동시대에 존재하였던 이민족 부족들의 언어를 습득하였을 것이다.[53] 이러한 배경은 현재 이들이 가지는 이중언어 행위에 바탕에 된다. 따라서 우즈베크인이 가지는 민족정체성은 우즈베크어의 정체성과 같은 맥락에서 이해된다. 언어를 통한 민족정체성의 확립은 이들이 가지는 역사적 배경에 의해서 쉽게 이루어지지 못할 것이다. 단지 러시아어가 우즈베키스탄 사회에 실질적인 영향력을 행사하고 있다는 의미에서 민족정체성이 확립되지 못하는 것이 아니라, 국가의 운영을 위해서는 이중 언어적 행위가 수반되어야 하는 것을 의미하는 것이다.

우즈베크인이 느끼는 국가정체성과 민족정체성의 확립 정도는 중앙아시아 국가들 가운데 가장 안정적이다. 그러나 우즈베키스탄

---

[53] 우즈베크부족 혹은 집단은 우즈베크인과 엄격히 다른 의미로 구분해야만 한다. 전자는 단일한 의미를 가지는 집합체이지만 후자는 총체적인 집합체이다. 14세기 말경 현재의 중앙아시아 우즈베키스탄 지역으로 남하한 투르크계 한 부족이 우즈베크부족이며, 우즈베크인은 1924년 소비에트 당국에 의해서 임의의 국경획정이 실행되고 각 지역의 공화국 명칭을 부여하는 과정에서 당시의 지배 집단인 우즈베크부족으로부터 "우즈베크 사회주의 공화국"이 나오게 되었을 때, 당시 그 지역에 거주하였던 모든 사람들을 지칭하는 대상이었다. 우즈베크인은 중앙아시아 원주민의 동화과정 마지막 단계에서 생겨난 정치적 의미를 가지는 명칭이다. 우즈베크부족은 우즈베크인에 포함되는 개념이지만 우즈베크인은 우즈베크부족이 명확히 아닌 것이다. 자세한 내용은 다음 논문 참조. 성동기. 2003. "독립 후 우즈베키스탄에서 편찬된 새 역사책 분석," 러시아어문학연구논집. No.13. p.452.

은 중앙아시아 역사의 주 무대가 되었던 지역이었기 때문에 위에서 살펴본 것처럼 현재에도 이중언어 행위가 다음과 같이 나타나고 있다.[54]

첫째, 1924년 소비에트 당국에 의한 임의의 국경획정에 따라 타직인들이 우즈베크 공화국의 영토에서 거주하게 되었다. 특히 사마르칸트와 부하라에는 타직인들이 다수 거주하고 있다. 이러한 환경에 의해서 이 지역에 주민들은 이중언어를 구사하는 사람들이 대부분이다. 비록 투르크어 계통인 우즈베크어와 페르시아어 계통인 타직어가 언어계통상으로 차이를 보이고 있지만, 타직인과 우즈베크인은 의사소통을 하고 있다. 이들은 또한 대부분 러시아어를 어느 정도 구사하기 때문에 다중언어 사용자로 구분된다. 현재는 사마르칸트와 부하라에 러시아인들이 많이 감소하였기 때문에 러시아어를 사용할 기회가 적어져서 러시아어에 대한 인식이 희박해 지고 있다. 이미 시골로 갈수록 러시아어 사용자가 현저히 적게 나타나고 있다.

둘째, 우즈베크인 가운데 부모의 학업과 직장 때문에 러시아에서 태어나고 성장한 사람들이 있다. 이들은 당연히 우즈베크어를 모른다. 특히 우즈베키스탄으로 영구 귀국한 이들은 동일 민족과의 의사소통에 어려움을 느낀다. 아직 러시아어가 실생활에서 사용되고

---

54) 우즈베키스탄의 전체 우즈베크인 중에서 49%가 러시아어를 사용하는 이중언어 사용자이다.(Ethnologue data from Ethnologue: Languages of the World, 14th Edition. http://www.ethnologue.com(검색일: 204.01.25.))

는 있지만 사회분위기에 의해서 우즈베크어를 모르는 우즈베크인으로 규정되고 있다. 이들도 마찬가지로 우즈베크어를 습득하고자 하는 의식이 그렇게 높은 것은 아니다. 위에서 언급한 과거 지식층의 자식들은 우즈베크어 구사에 어려움을 느낄 경우 러시아어를 사용한다. 심지어 부모와 자식들이 러시아어를 사용하는 가정도 있다. 이러한 집단에 대한 우즈베크인의 반응은 계층과 민족주의적 성향의 정도에 따라서 다양하게 나타난다. 전자의 경우는 학자층을 들 수 있다. 우즈베크 학생들이 우즈베크어를 자유자재로 구사하지 못하면 우즈베크어 습득을 권고한다. 비록 학자들이 우즈베크어를 완벽하게 구사하지 못해도 교육적 차원과 정부의 정책에 따라 이러한 학생들에게 충고를 한다. 고학력으로 갈수록 이러한 현상은 두드러진다. 후자의 경우는 대부분 간접적인 대응을 한다. 우즈베크어를 알지만 러시아어보다 익숙하지 않는 우즈베크인은 주로 러시아어를 많이 사용한다. 간혹 우즈베크어를 구사하기도 한다. 그러나 민족주의적 성향이 강한 이들은 질문과 대답을 우즈베크어로만 한다. 이 경우에도 서로서로 의사소통은 원활히 되고 있지만 사용하는 언어는 러시아어와 우즈베크어로 나누어진다. 그러나 대화는 후자가 주도하며, 전자는 단지 대답을 하는 정도에 그치며 대화를 빨리 중단하고자 한다.

 우즈베크인은 외국인을 만날 경우에 우즈베크어에 대한 정체성을 스스로 드러낸다. 이들의 언어행위는 러시아어를 우선으로 생각한다. 특별한 경우는 위에서 언급한 경우와 다른 상황이 벌어진다. 우즈베크어만를 아는 외국인이 우즈베크어로 질문을 하면 대부분은 러시아어로 대답을 한다. 그리고 러시아어와 우즈베크어를 아는 외국인이 우즈베크어로 이야기를 하여도 러시아어로 대답한다. 이런 경우 우즈베크어 질문과 러시아어 답변이 짧은 시간에 오고 간다.

4) 우즈베키스탄 러시아인의 정체성

우즈베키스탄의 러시아인은 이 지역에서 태어나고 성장한 이들이 대부분이다. 이들이 인식하고 있는 국가정체성과 민족정체성을 분석함으로써 이들이 사용하고 있는 러시아어 활용행위를 이해할 수 있다.

우즈베키스탄 러시아인은 소비에트연방의 붕괴와 중앙아시아 신생국의 출현으로 인해서 자신들의 정체성에 변화를 느끼게 되었다. 이들은 자신들의 민족정체성을 슬라브계 민족으로 간단하게 규정한다. 그리고 러시아어를 구사함으로써 언어적인 문제도 없다. 그러나 국가정체성에 대한 혼란은 다르게 나타난다. 우즈베키스탄의 러시아인들은 자신의 모국을 러시아로 인정한다. 그러나 이것은 형식적인 접근이다. 감정적으로 우즈베키스탄이 자신의 생활터전이기 때문에 실질적으로 그들에게 있어서 모국은 우즈베키스탄이다. 이 경우에도 우즈베키스탄은 국가적인 의미가 아니라 지역적인 의미를 가진다. 러시아는 그들에게 이주에 따른 지원을 해주지 못하고 있다. 무엇보다도 러시아를 방문을 하는 우즈베키스탄 러시아인들은 러시아에 대한 이질감을 가지고 있다.[55]

우즈베키스탄 러시아인들이 국가정체성을 확립하지 못하는 이유는 우즈베키스탄 정부의 언어정책 때문이 아니라 우즈베크인이 주류지배계층으로 존재한다는 것과 러시아에 대한 이주 자체에 대해서도 확실한 자신감을 가지지 못하는 것에서 기인한다.

우즈베키스탄 러시아인들은 러시아어를 표준에 가깝게 구사하고 있다. 그러나 국가정체성의 혼란으로 인해서 다음과 같은 형태가 나타나기도 한다.

첫째, 우즈베키스탄의 고유명사인 인명, 지명, 음식명 등을 러시아식으로 발음하고 있다.

Ойбек => Айбек(인명) Бухоро => Бухара(지명) Сомса => Самса(음식명)	Чимё => Чимган(지명) Чорбок => Чербак(지명)

우즈베크어에서 모음 o는 정확하게 /o/로만 발음된다. 그리고 우즈베크어 어휘는 대부분 악센트가 단어의 마지막 모음에 위치한다. 따라서 러시아인들은 위의 표 좌측에 나오는 우즈베크어 고유

---

55) Anita Sengupta. 2000. "In Search of Homelands: Russian Women in Central Asia," Refugee Watch. No.9. p.31.

명사들을 러시아어 악센트의 영향에 의해서 /a/로 발음하고 a로 적는다. 이것은 러시아인들이 가지는 발음의 습관에 의해서 나타나는 현상으로 판단된다. 그러나 우측의 우즈베크어 고유명사들은 러시아인들의 발음 성향과는 상관없이 별도로 러시아어로 표기하여 사용되고 있다. 이것은 우즈베키스탄 지역을 점령한 러시아인들이 우즈베크어를 모르는 상황에서 그 지역의 지명을 기록하는데 우즈베크인의 발음을 명확히 알아듣지 못하고 문서상으로 기입한 것을 사용함으로써 나타난 현상이라고 추측된다.

둘째, 모스크바에서 사용하는 표준 러시아어와는 다른 표현을 사용한다.

예를 들면, кароче(간단히 말하면), ещё нет(아직) 등은 러시아의 러시아인들이 가급적 사용하지 않는 표현이다. 그리고 문법적으로 틀린 표현을 사용하기도 한다. 대표적인 것이 из-за этого(이것 때문에)의 사용이다. из-за этого는 부정적인 대상이나 사건 또는 원인을 표현하는 것이 원칙인데, 우즈베키스탄 러시아인들은 긍정적인 원인에 대해서도 사용을 한다.

결과적으로 우즈베키스탄 러시아인들이 가지는 러시아어 정체성은 시간이 지날수록 부정적으로 변화될 것이다. 현재의 기성세대들은 다른 소수민족이나 우즈베크인을 만나더라도 러시아어로 대화를 나누는데 큰 어려움은 없다. 그러나 주변에 러시아어를 사용하는 대상이 수적으로 줄어드는 시기가 도래한다면 러시아어로 대화를 나누는 시간 역시 줄어 들것이다. 그리고 언어의 사용이 줄어들게 되면 언어의 발전이 점차적으로 사라지게 될 것이다. 언어 구사력이 멈추는 시점에서 러시아어의 수준은 향상되지 못한다. 이것은 러시아의 러시아인들이 사용하는 어휘력, 표현에 뒤처지는 결과를 가져온다. 지금도 모스크바인들은 중앙아시아 지역의 러시아인들이 사용하는 어휘를 듣고서 그들이 사는 지역을 파악한다고 한다. 이러한 경향은 더욱 악화될 것이다. 게다가 지금의 독립세대가 성장하여 우즈베키스탄 사회에서 활동하게 된다면 같은 나이의 우즈베크 독립세대와 대화의 단절이 나타날 수도 있다. 물론 우즈베크 독립세대는 성장하는 과정에서 러시아어를 습득할 것이다. 그러나 그 수준은 현재와 같지는 않을 것이다. 우즈베키스탄의 러시아어 정체성은 러시아어를 구사하는 인구수와 비례를 하여 발전할 것이며, 우즈베키스탄 정부와 러시아 정부의 언어정책에 의해서도 변화의 방향이 결정될 것이다.

4. 우즈베키스탄 사회의 교육

1) 카리모프 정권의 교육정책과 특징

우즈베키스탄은 1991년 독립 이전까지 소비에트연방의 교육제도를 그대로 가지고 있었다. 소비에트 정부는 사회주의와 소비에트시민 창조 정책으로 전 시민들을 상대로 무상교육을 실시하였다. 따라서 본인이 원하면 얼마든지 신분과 민족에 상관없이 객관적인 평가를 받아서 상급학교로 진학해서 무상으로 공부할 수 있었다.

1991년 우즈베키스탄이 독립한 후에 해당 국가의 교육제도는 여러 차례 큰 변화를 겪었다. 대표적인 사례가 무상교육의 원칙이 무너진 것이다.[56] 현재 우즈베키스탄 교육부 소속의 모든 국립대학교 등록금은 1년에 평균 2,000불에 달한다.[57]

---

[56] 지금까지도 초등, 중등, 그리고 고등학교는 무상교육을 원칙으로 하고 있다. 다만 대학교 이상의 교육기관에서 등록금을 유료화시켰다.

[57] 세계은행의 통계에 의하면, 구매력기준의 우즈베키스탄 1인당 GDP는 1990년부터 2016년까지 평균 3396.25불에 불과하다. 따라서 평균 2,000불의 대학교 등록금은 각 가정에 상당한 부담이 된다.(http://www.theglobaleconomy.com/Uzbekistan/GDP_per_capita_PPP/ (검색일: 2024.01.25.))

이로 인해서 가정경제 때문에 자녀가 대학교 진학을 포기하는 경우가 발생했으며, 대학교에 입학하여도 등록금 마련을 위해서 자녀들이 학업보다는 아르바이트에 치중하고 있다. 결과적으로 우즈베키스탄 대학생들의 학업 수준은 낮아졌다.

무엇보다 독립 이후 우즈베키스탄의 경제가 낙후되고 교육 부문에 대한 정부의 예산 배분과 투자가 급격히 줄어들면서 다양한 문제들이 발생하였다.[58] 정부 지원의 감소로 학교 예산이 줄어들면서 첫째, 각 교육기관은 교육에 필요한 투자를 제대로 할 수 없었으며, 둘째, 교사들은 매우 낮은 수준의 급여를 받을 수밖에 없게 되었다.[59] 이러한 현상이 나타나면서 첫째, 교육의 질이 저하되고, 둘째, 낮은 급여를 받는 교사들은 다른 수입을 찾기 위해 교육에 집중할 수 없게 되었고, 셋째, 대학교는 입학부정과 학사부정을 통해서 부족한 예산을 채워나가게 되었다. 이러한 문제점들로 인해서 우즈베키스탄의 대부분 학생들과 학부모들은 공교육에 대한 불신을 가지게 되었고 경제 상황이 괜찮은 가정은 사교육을 찾거나 해외로 자녀를 유학보내기 시작하였다.

우즈베키스탄은 독립 이후 각 부문에 걸쳐서 독립국가와 체제전

---

58) 우즈베키스탄의 교육 부문 예산은 전체 국가 예산의 평균 30%를 차지하지만, 액수 자체가 적어서 모든 교육기관은 부족한 예산을 받고 있다. Sabina Mushtaq. 2015. "Contemporary Educational System in Uzbekistan," International Journal of Social Science and Humanities Research. Vol.3, No.1. p.136.

59) 학교 시설 투자를 하지 못해서 건물은 낡았고 책걸상도 교체되지 못했다. 그리고 독립 초기에 교사들은 매달 정해진 날짜에 급여를 제대로 받지도 못했다.

환기에 적합한 법을 구비하는 작업을 추진하였다. 독립 초기에 우즈베키스탄 정부는 자국의 교육제도에 소비에트체제의 기본적인 유산은 유지하려고 하였다.

첫째, 모든 교육기관은 국립과 공립이다.[60]

둘째, 초등 및 중등 과정 9년은 법적으로 의무교육이다.[61]

셋째, 초등, 중등, 고등학교 과정은 무상교육이다.[62]

독립 이후 경제체제가 자본주의로 전환되면서 우즈베키스탄 경제는 힘든 상황에 직면하였다. 이로 인해서 우즈베키스탄 시민들의 가정경제 역시 어려워졌다.[63] 우즈베키스탄 정부는 이러한 상황 때문에 독립 초기에 모든 교육기관을 국립과 공립으로 유지하면서 의무교육과 무상교육의 원칙을 지켜나가려고 하였다.

위와 같은 원칙들을 유지하면서 우즈베키스탄 정부는 학제개편을 가장 먼저 단행하였다.

독립 초기에 우즈베키스탄의 학제는 고르바초프 소련 공산당 서기장이 1985년에 개혁한 학제와 동일했다. 그 당시에 우즈베키스탄

---

60) 유치원은 사립이 존재한다.
61) http://www.epdc.org/country/uzbekistan(검색일: 2024.01.25.)
62) 위와 같은 환경으로 인해서 현재 우즈베키스탄의 문해율은 99%를 상회한다.
63) 우즈베키스탄이 독립할 당시에 각 가정의 부모들은 457세대라고 불렸다. 이들은 1950년대에 출생하여, 1970년대에 대학교를 마치고 사회생활을 시작하여, 1991년 독립 당시에 40대 연령이 된 자들이다. 일반적으로 이들은 소비에트체제의 혜택을 가장 많이 받은 세대이다. 소비에트체제하의 소비에트시민들은 일반적으로 결혼을 20대 초반에 했기 때문에 40대가 되면 이미 자녀들이 대학을 가거나 결혼을 하는 나이가 된다. 그러나 40대 부모들이 안정적인 경제활동을 통해서 가정경제를 유지해야 하는데 오히려 이들은 체제전환기로 인해서 실직을 당하거나 사업의 실패를 겪으면서 독립 초기에 경제적 어려움에 처해 있었다.

의 학제는 유아원(생후 3개월-3세의 유아) 3년제, 유치원(3세-5세 어린이) 3년제, 초등학교 4년제, 중등학교 7년제, 고등교육기관인 대학교 5년제로 구성되었다.[64] 우즈베키스탄 정부는 1992년 7월 2일에 교육법을 개정하여 소비에트학제를 탈피하는 새로운 학제를 발표하였으며, 기존의 소비에트학제를 초등학교 3년제, 기본 중등학교 6년제, 일반중등학교 및 직업학교 2년제, 고등교육인 대학교 5년제로 개편하였다.[65] 그러나 개정된 학제 역시 국제사회의 보편적인 학제와 거리감이 있었기 때문에 또 다른 변화가 불가피하였다.

1997년 8월 29일에 우즈베키스탄 정부는 자국의 경제성장과 인구성장을 고려한 대대적인 교육법 개정을 시도하였다.[66] 이 개정법은 우즈베키스탄 교육모델(Узбекская модель образо-вания)이라고 불린다. 그러나 개정한 학제는 초등 및 중등학교 9년제, 고등학교 3년제, 대학교 학사 4년제, 석사 2년제, 박사 3년제로 사실상 국제사회의 보편적인 학제와 유사하였다.[67] 개정된 교육법의 주된 내용은

---

64) 김경욱. 1990. "소련의 교육제도와 개혁전망," 슬라브연구. No.6. p.211. 실제로 소련의 고등교육 기관은 복잡하게 구성되어 있다. 우리와 같은 대학교도 있지단 직업훈련을 위한 상업계와 공업계 고등학교 과정도 존재했다.

65) Житникова, М. Н., Зверев, Н. И., Ткач, Г. Ф. 2008. "Система Образования Республики Узбекистан: Обазовательные Программы и Присваиваемые Квалификации," Научный вестник Московского государственного технического университета гражданской авиации 128. p.48.

66) http://uzbekistan.kg/uz11.php(검색일: 2024.01.25.)

67) 우즈베키스탄뿐만 아니라 과거 소비에트연방에서 독립한 국가들에 존재했던 박사과정은 엄밀히 말하면 "국가박사(доктор наук) 후보 과정(кандидат наук)"이라고 불린다. 이는 우리의 박사 과정(Ph.D.)에 해당된다. 소비에트 학제에서 최상위에 존재했던 국가박사는 여전히 대부분의 소비에트연방 공화국에 남아있다. 독립 초기에 "국가박사(доктор наук) 후

다음과 같다.

첫째, 학사와 석사과정이 국제사회의 표준 학제와 통할 수 있도록 개편하였다.

기존에 대학과정은 5년이었는데, 이 속에는 학사과정 3년과 석사과정 2년이 통합되어 있었다. 그러나 개정법은 학사과정 4년과 석사과정 2년으로 분리 독립시켰다. 사실상 국제사회의 표준 학제를 도입한 것이다.

둘째, 고등 과정을 과거 우리의 인문계(лицей, 이하 리쩨이)와 실업계(колледже, 이하 콜리지) 형태로 나누었다.[68] 이는 독립 이후에 우즈베키스탄의 경제성장에 따른 전문 인력 양성과 증가하는 인구를 고려해서 만든 것이다. 전자는 대학교 진학을 목표로 하는 고등 교육기관이며, 후자는 대학교 입학도 가능하지만 기본적으로 산업 현장의 전문 인력 양성에 목표를 두고 설립되었다. 국제사회에서 통용될 수 있는 학제개편과 우즈베키스탄의 경제발전을 고려한 고등학교 과정의 분리는 당시의 상황을 고려하면 성공적인 변화라고 평

보 과정(кандидат наук)"을 국제사회에서 말하는 박사(Ph.D.)로 인정해 주느냐 하는 문제로 갈등이 많았다. 그리고 국가박사(доктор наук)도 국제사회의 보편적인 학제에서는 없는 과정과 학위이기 때문에 존재의 가치를 두고서 소비에트연방 공화국 내부에서도 의견이 분분했다. 그러나 지금은 "국가박사(доктор наук) 후보 과정(кандидат наук)"을 국제사회에서 인정하고 있으며, 국가박사도 여전히 존재하고 있다. 국가박사는 국제사회에서는 의미가 없지만, 과거 소비에트연방 공화국 내에서는 최고의 권위를 가지는 학위이기 때문에 여전히 존재하고 있다. 자세한 내용은 다음의 논문 참조. 성동기. 2017. "우즈베키스탄 타슈켄트 고려인 고등학생들의 교육 실태분석 및 전망," 재외한인연구. No.42. p.102.

68) 실제로 교육법 개정안을 만들 때 한국에서 교육 전문가가 자문을 했다고 한다. 자세한 내용은 다음의 사이트 참조. http://uzbekistan.kg/uz11.php(검색일: 2024.01.25.)

가할 수 있다.

우즈베키스탄 정부는 이를 바탕으로 대학교 이상의 전문 교육 기관에도 변화를 주었다. 독립 당시에 우즈베키스탄에 존재했던 대학교들은 다양한 학과를 가지고 있는 종합대학교(Университет)의 규모를 가지고 있었다.[69] 그러나 독립 이후 신설한 대학교는 다음과 같은 특징을 가졌다.

첫째, 정부 부처 산하의 특수대학교 설립

우즈베키스탄 정부는 국가 발전에 필요한 핵심적인 학문 분과들과 관련된 특수대학교를 설립하고 이를 정부 부처의 산하 기관으로 만들었다. 따라서 내각이 각 특수대학교들을 관리하는 책임기관이 되었으며, 정부의 각 부처들이 이를 직접 운영하였다.[70] 그런데 이러한 대학교들의 규모는 종합대학교가 아닌 단과대학(College)에 가깝다. 예를 들면, 외무부에 속하는 특수대학교인 세계경제외교대학교(Университет Мировой Экономики и Дипломатии)는 학교 명칭 그대로 외교관을 양성하는 기능을 담당하였다. 이처럼 정부 부처의 업무와 연관성을 가지는 학문 분야들이 단과대학 형태로 나타났다.

우즈베키스탄 정부가 이와 같은 대학교를 신설한 또 다른 이유는 종합대학교를 새롭게 건립할 수 없는 재정문제에도 있었다. 독립

---

69) 현재 우즈베키스탄에는 소비에트체제하에서 설립된 11개의 종합대학교가 있으며, 독립 이후에는 신설된 종합대학교가 없다. 자세한 내용은 다음의 논문 참조. Kobil Ruziev, Davron Rustamov. 2016. "Higher education in Uzbekistan: reforms and the changing landscape since independence," Economics Working Paper Series. No.1604. p.24.

70) http://info.ziyonet.uz/ru/post/view/education/common(검색일: 2024.01.25.)

이후 체제전환을 시도하면서 자국의 경제가 어려웠기 때문에 많은 비용이 들어가는 종합대학교를 설립하기보다는 상대적으로 저렴한 단과대학을 만들 수밖에 없었다. 그리고 이러한 대학교를 설립하고 운영하는 과정에서 기존 종합대학교들의 재정은 더욱 악화되었고, 이것은 교육의 질 저하로 연결되었다. 정부 부처 산하의 특수대학교는 입학시험에서 우수한 성적을 받은 신입생들을 장학생으로 선발하고, 이들은 졸업 후에 해당 기관에서 5년 동안 의무적으로 근무해야 한다. 결과적으로 정부 부처 산하의 특수대학교를 마치면 관련 정부 기관에 취업할 수 있는 가능성이 높다. 따라서 우즈베키스탄 고등학생들이 이곳에 입학하기를 선호한다.

둘째, 해외 대학교 분교 유치

우즈베키스탄 정부는 2000년부터 해외의 대학교 분교를 유치하여 국내의 고등교육 수준을 높이고자 하였다. 2000년부터 러시아의 러시아경제대학교(the Tashkent branch of Russian Economic Academy named after G.V. Plekhanov), 모스크바국립대학교(the branch of Moscow State University named after M. Lomonosov), 러시아국립석유가스대학교(Russian State University of Oil and Gas named after I. Gubkin), 영국의 웨스트민스터대학교(Westminster International University in Tashkent), 이탈리아의 토리노공대(Turin polytechnic university), 싱가포르의 경영개발연구원(Management Development Institute of Singapore) 등이 타슈켄트에 분교를 설립

하였다.[71] 이러한 분교들도 종합대학교의 규모가 아니라 전문 학문 분야를 가르치는 단과대학에 가까웠다. 그리고 전공 역시도 우즈베키스탄의 국가발전에 필요한 학문 분야였다.[72]

분교의 개념으로 설립되었기 때문에 본교에서 교수와 교직원이 파견되는 것이 원칙이지만 지금은 토리노공대를 제외하면 대부분 현지 우즈베키스탄 출신 교수진들이 강의를 하고 있다. 위 분교들은 설립 초기에 본교 교수진들이 파견되어서 강의하고 졸업장 역시 본교 총장 명의로 받는다는 장점 때문에 우수한 학생들이 많이 지원하였다. 그러나 지금은 현지의 대학교 수준으로 평가받고 있으며, 무엇보다도 등록금이 1년에 5,000달러에 달하기 때문에 가정 형편이 좋은 학생들이 입학하는 대학교로 알려져 있다.

셋째, 민족 언어별 학교 운영

우즈베키스탄은 독립 이후 인구의 수적인 우위와 우즈베크어가 공식어로 헌법에 명시되면서 우즈베크 민족주의가 나타났다.[73] 그럼에도 불구하고 우즈베키스탄 정부는 교육 부문에서만은 소수민족들을 배려하는 정책을 유지하고 있다. 우즈베키스탄에 소재하는

---

71) 법적으로 분교는 아니지만 한국의 인하대학교도 2014년 10월에 우즈베키스탄 정보통신부 산하의 IT 전문 교육 기관인 '인하대학교 타슈켄트 캠퍼스'(Inha University in Tashkent)를 설립하여 위탁교육하고 있다.
72) 모스크바국립대학교 분교만은 정확히 말하면 작은 규모의 종합대학교 형태를 가진다. 웨스트민스대학교 분교는 법과 경영으로 전공이 특화되어 있다.
73) 우즈베키스탄 민족주의에 대해서는 다음의 문헌 참조. James Critchlow. 1991. Nationalism In Uzbekistan: A Soviet Republic's Road To Sovereignty (Boulder, CO: Westview Press)

모든 교육 기관은 크게 우즈베크어와 러시아어로 강의하는 학교를 별도로 두고 있다. 초등, 중등, 고등학교들은 우즈베크어 학교와 러시아어 학교로 나누어서 운영되며, 대학교에서는 우즈베크어반과 러시아어반 수업이 나누어져 있다. 이 외에도 우즈베키스탄에 거주하고 있는 카라칼팍인, 카자흐인, 타직인, 키르기스인, 투르크멘인과 같은 주요 소수민족들은 자신들의 민족어로 교육할 수 있는 유치원, 초등, 중등, 고등학교를 별도로 허가받아서 운영하고 있다.[74]

결과적으로 우즈베키스탄 정부가 독립 이후부터 추진했던 교육제도의 변화에서 나타나는 큰 특징은 자국의 학제가 국제사회에서 통용될 수 있도록 하는 데 있었으며, 자국의 국가발전에 필요한 신설 대학교를 체제전환기 이후 정부의 빈약한 재정 상태를 고려하여 단과대학 형태로 개교시키는 데 있었다.

2) 독립 이후 나타난 우즈베키스탄 실제 교육환경

우즈베키스탄의 교육제도는 외형적으로 법적으로 상당히 잘 갖추어져 있다. 그러나 우즈베키스탄 정부가 재정문제로 인해서 교육부문에 예산을 제대로 배분하지 못했기 때문에 각 교육기관에 다음과 같은 문제들이 발생하였다.

첫째, 교사와 교수들이 교육과 학교업무에 집중할 수 없게 되었다.

---

[74] 우즈베키스탄 주요 소수민족들이 운영하고 있는 민족어 학교 실태는 다음의 보고서 참조. http://tbinternet.ohchr.org/Treaties/CERD/Shared%20Documents/UZB/INT_CERD_NGO_UZB_16338_R.rtf(검색일: 2024.01.25.)

우즈베키스탄 정부의 교육 부문에 대한 예산의 부족으로 인해서 학교 시설을 수리하고 보완하는 것은 거의 불가능하고 교재와 같은 교육 자료들의 개발과 발간도 쉬운 일이 아니었다.[75] 특히 문제가 되는 것은 교사와 교수의 급여문제였다. 독립이후부터 현재까지 유치원과 초등, 중등, 고등학교 교사의 평균 급여는 월 150$ 수준이다.[76] 이처럼 적은 임금을 받는 교사들은 생계를 위해서 방과 후 대부분 다른 일들을 해야만 했다. 학교 일 외에 다른 일을 해야만 생활고에서 벗어날 수 있는 것이 지금도 그들의 현실이다. 이러한 이유로 인해서 교사들이 수업에 열의를 가지거나 학교업무에 충실하기가 힘들었다. 대학교의 교수들도 마찬가지로 적은 급여 때문에 부수적인 일들을 하고 있다.[77] 그런데 이보다 더 심각한 문제는 교사와 교수들이 학부모들과 그 학생들을 상대로 공공연하게 성적을 거래하고 있다는 사실이다. 이러한 문제로 인해서 고육기관이 제공하는 성적을 어느 누구도 신뢰하지 않게 되었다.

---

[75] 러시아에 소재하고 있는 중앙아시아 전문 언론사인 페르가나(Fergana)는 우즈베키스탄의 초등, 중등, 고등학교 재학생 35-40%가 5-6권의 교재만을 가지고 공부한다고 보도했다. 가장 중요한 원인은 우즈베키스탄 정부가 예산이 부족하기 때문에 모든 학생들이 교재를 구입할 수 있을 만큼 여유 있게 교재를 발간할 수 없는 데 있었다. 심지어 외국으로부터 차관을 받아도 이 문제는 현재까지 해결되지 않고 있다. 우즈베키스탄이 처해 있는 새로운 교재 개발 문제와 발간의 문제에 대해서는 다음의 기사 참조. http://enews.fergananews.com/articles/2568(검색일: 2024.01.25.)

[76] 독립 당시에 급여가 100$를 넘지 않았지만 당시의 물가보다 현재의 물가가 더 높아서 실질적인 소득은 독립 당시보다 줄었다고 볼 수 있다.

[77] 우즈베키스탄에는 독립 이후에 대학교수의 적은 급여 때문에 박사학위를 받은 자들이 특정 대학교의 정규직 교수로 취업하기를 원하지 않고 있다. 왜냐하면 두 곳의 대학교에 1년 단위로 계약하는 비정규직이 오히려 정규직 교수보다 급여가 많기 때문이다.

둘째, 대학교의 입시부정이 만연하고 있다.

우즈베키스탄 전국의 대학교들은 정부로부터 받는 예산의 부족을 해결하기 위해서 대학입시 전형에 기부금입학 제도를 만들었다.[78] 우즈베키스탄 정부는 이 제도를 법적으로 허용되지 않고 있지만, 사실상 이를 방치하고 있다. 이러한 불법을 조장할 수 있는 이유는 우즈베키스탄의 높은 대입경쟁률에서도 찾을 수 있다. 우즈베키스탄의 대입경쟁률은 평균 10.5:1에 달한다.[79] 2016년도 우즈베키스탄 대입정원은 57,900명이었으며, 지원자는 660,000명을 넘어섰다.[80] 이러한 문제로 인해서 대학은 기부금 입학 정원을 전체 정원의 50%로 규정하고 입시장사를 하고 있다. 이 외에도 지원자의 부모들로부터 돈을 받고 입학 성적을 조작하여 순위를 변동시키는 수법으로 그 자녀를 입학시키는 등의 불법이 만연하고 있다.

결과적으로 교육 부문의 예산 부족 때문에 초등, 중등, 고등, 대학교에서 교육 수준이 떨어지고 게다가 입시와 학사부정이 나타나고 있기 때문에 우즈베키스탄의 학생들과 학부모들은 공교육 자체를

---

78) 우즈베키스탄의 대학교들 역시 예산 규모가 크기 때문에 우즈베키스탄 정부로부터 받는 예산만으로는 학교를 제대로 운영하기 힘들다. 독립 이후부터 대학 당국은 입시에 비공식적으로 기부금 전형을 만들어서 매년 부족한 예산을 보충하였다. 이것이 지금도 유지되고 있다. 일반적으로 법과대학과 같은 인기학과는 30,000$에 기부금 입학이 가능하다고 한다. 기부입학으로 인해서 부족한 학교의 재정은 어느 정도 해결되었지만, 근본적으로 성적을 기반으로 하는 전체 신입생 선발 인원에서 기부금 입학 인원의 수를 제외하고 학생들을 선발하기 때문에 일반 학생들의 입시 경쟁률을 더 높아질 수밖에 없게 되었다.
79) 지방 국립대의 인기학과는 매년 20:1을 넘는다. 2016년도 우즈베키스탄 대입 경쟁률에 대한 자세한 내용은 다음의 기사 참조. 우즈베키스탄 일간신문 Darakchi 2016.10.07.
80) http://news.uzreport.uz/news_3_e_143507.html(검색일: 2024.01.25.)

신뢰하지 않게 되었다. 그리고 대학교에 입학한 학생들도 가정경제가 어려우면 아르바이트를 하면서 등록금을 벌어야 하기 때문에 학업에 집중하기가 힘들다.[81]

　2001년 7월 26일에 모든 교육 과정의 무상교육을 유지해오던 우즈베키스탄 정부가 대학교 등록금의 유료화를 공식적으로 선언하였다.[82] 성적장학금을 받는 자들을 제외하고 기부금으로 입학한 신입생들과 성적전형으로 입학한 신입생들은 모두 매년 등록금을 지불해야만 한다. 현재 해외 분교를 제외한 우즈베키스탄 국립대학교의 1년 등록금은 평균 2,000\$에 달한다. 이러한 금액은 대부분의 신입생에게 부담을 주기 때문에 매년 최대 4회에 걸쳐서 분납도 가능하며, 은행에 합격증을 보여주면 학자금대출도 받을 수 있다.

　우즈베키스탄 대학교의 신입생들은 입학 성적으로만 장학금을 받는다. 우리처럼 매 학기마다 성적 우수자들에게 제공되는 장학금 제도는 없다. 대표적인 장학금 제도가 뷰제트(бюджетной)인데, 이것은 우즈베키스탄의 대표적인 국영기업체들이 최우수 성적을 받은 신입생들을 성적순으로 선발하여, 이들에게 4년 장학금을 지불하고 고용 계약을 미리 체결하는 방식의 제도이다.[83] 이 장학금을

---

81) 일부의 학생들은 아르바이트 때문에 성적을 제대로 받지 못하게 되면, 아르바이트로 번 돈을 교수에게 제공하고 성적을 받기도 한다.
82) http://www.norma.uz/novoe_v_zakonodatelstve/utverjdeno_novoe_polojenie_o_platno-kontraktnoy_forme_obucheniya_v_vuzah_i_kolledjah(검색일: 2024.01.25.)
83) http://www.fergananews.com/articles/5760(검색일: 2024.01.25.)

받은 신입생은 졸업 후 의무적으로 해당 기업체에 5년 근무해야 한다. 우즈베키스탄 학부모와 학생들이 가장 선호하는 장학금이다. 그 외에도 정부 부처가 성적 우수자들에게 1년 제공하는 신입생 장학금제도가 있다. 각 학교마다 신입생 장학생 선발 인원수는 다르지만 전체 신입생의 평균 10% 미만이 장학금을 받는다.

기부금 입학을 준비하지 못하는 우즈베키스탄 고등학생들은 자신이 공부하고 있는 학교를 신뢰하지 못하는 상황에서 높은 대입경쟁률과 입시부정을 걱정하면서 대입을 준비하고 있다. 그리고 대학교에 입학하더라도 상위 10%의 성적을 받아서 입학하지 못하면 매년 비싼 등록금을 마련해야만 한다는 부담감을 가지고 있다.

이러한 상황에서 우즈베키스탄에 사교육시장이 성장하고 있다.

공교육을 믿지 못하는 학부모들이 자기 자녀들을 제대로 공부시켜서 대학에 입학시키고자 사교육을 찾기 시작하였다. 현재 타슈켄트와 지방 대도시들에는 대학입시에 중요한 과목인 영어, 수학, 물리, 화학, 제2외국어 등과 같은 과목을 강의하는 사설학원들이 상당히 많이 생겨났으며, 개인 과외 교사도 증가하고 있다. 우즈베키스탄에서 발표한 사교육 시장 관련 통계는 없지만, 교육센터(учебный центр)라는 간판을 달고 운영하는 학원들을 타슈켄트와 지방 대도시들의 중심지에서 많이 볼 수 있다.[84] 사설학원의 강사들은 고등학

---

84) 우즈베키스탄에는 이미 전국에 존재하는 사설학원을 소개하는 사이트들이 존재하고 있다. 대표적인 사이트는 http://www.kursy.uz/(검색일: 2024.01.25.)이다.

교 현직 교사나 대학교 강사들이 대부분이다. 한국과 마찬가지로 우즈베키스탄 학생들 사이에서도 유명한 강사들이 존재하고 있다. 이들은 현직 교사나 교수로 있다가 학원 강사로 전업해서 상당한 수입을 올리는 것으로 알려져 있다. 학원비는 1과목당 월평균 20~30$ 정도이다.[85] 당연히 이름이 있는 강사의 수업은 1과목당 월평균 50$까지로 올라간다. 개인 과외 시장은 주로 부유층을 상대로 발달해 있다.

위와 같은 우즈베키스탄의 교육환경과 대입제도가 우즈베키스탄 고등학생들에게 교육적·진학적 측면에서 미치는 영향을 분석하면 다음과 같다.

첫째, 공교육에서의 동일한 학습 환경과 사교육을 통한 입시 경쟁

공교육의 붕괴는 모든 우즈베키스탄 고등학생들에게도 동일하게 적용된다. 따라서 이들은 사교육을 통해서 학업 수준을 높이고 치열한 입시 경쟁을 뚫어야 하는 상황에 놓여있다.

둘째, 신뢰성 없는 대학입시 제도

대입 경쟁률이 평균 10.5:1에 달하고 부정 입학이 관례화되어버린 대학입시 제도하에서 우즈베키스탄 고등학생들이 확실하게 대학교에 입학하는 방법은 기부금 입학 혹은 높은 성적을 받는 두 가지 방법이다. 전자를 위해서는 가정 형편이 매우 부유해야 하며, 후자를 위해서는 사교육에 투자해야 한다. 결론적으로 부유한 가정의

---

[85] 일반적으로 1시간당 2-3$, 하루 2시간, 일주일 2일 강의한다.

우즈베키스탄 자녀들이 상대적으로 대학에 입학할 확률이 높다.

3) 미르지요예프 정권의 교육정책과 특징

2016년 12월 14일 대통령에 취임한 미르지요예프는 2020년 9월 23일에 교육법 수정안을 발표하여 카리모프 정권에서 구축했던 기존의 교육시스템을 다음과 같이 변화시켰다.[86]

첫째, 미르지요예프는 과거 소비에트식으로 교육시스템을 회귀시켰다.

독립 이후 장기간에 걸쳐서 구축한 12학년제 교육시스템을 그는 2020년에 과거 11년제로 돌려놓았다. 직업인을 더욱 많이 양성시킨다는 명분으로 소비에트체제의 교육시스템이 사실상 부활되었다.

초등(primary)교육이 1학년부터 4학년까지, 기초중등(basic secondary)교육이 5학년부터 9학년까지, 중등(secondary)교육이 10학년부터 11학년까지이다. 여기서 중등교육은 일반중등교육과 직업(vocational)중등교육으로 나누어진다. 후자는 초급(primary), 중급(secondary), 중급전문(secondary specialized)으로 세분화된다.

고등교육기관인 대학은 3년의 학부(bachelor)과정과 1년의 석사(master)과정으로 구성된다. 우즈베키스탄의 11년 중등교육 과정을 마친 모든 학생은 대학에 지원할 자격을 가진다.

미르지요예프 정권은 국제사회의 기준에 맞게 개선한 카리모프

---

86) 2020년 9월 23일 발표되었다. https://www.lex.uz/acts/5013009(검색일: 2024.01.25.)

정권의 교육시스템을 소비에트식으로 돌려놓으면서 자국 학생들에게 다시 혼란을 일으켰다. 예를 들면, 대부분의 해외 대학교들이 우즈베키스탄의 변화된 교육시스템을 인정하지 않기 때문에 해외로 유학을 가려는 우즈베키스탄 출신의 학생들은 학사 혹은 석사과정에 바로 입학할 수 없게 되었다.

둘째, 사립학교법을 제정하였다.

교육법이 수정되기 이전에 우즈베키스탄 내에 존재했던 모든 교육기관은 일부 사립 유치원을 제외하고는 국립이었고 사립은 없었다. 그러나 수정된 교육법이 발효된 후 교육사업을 원하는 국내외 개인은 누구나가 학교를 설립할 수 있게 되었다. 우즈베키스탄 정부는 교육법에 따라 감독만 하면 되었다.

실제로 타슈켄트에 사립 고등교육기관이 우후죽순으로 생겨났다. 건물 한 채만 있으면 학교를 세울 수 있었다. 따라서 모든 사립 고등교육기관은 단과대학 수준을 벗어나지 못했으며, 교육 수준 역시 정상적이지 못한 것으로 나타나고 있다.

우즈베키스탄은 학령인구 대비 학교 수가 매우 부족한 것이 현실이다. 더 많은 학교가 설립되어야 하는 것에는 모두 동의한다. 실제로 지방의 학생들이 타슈켄트로 유학 갈 기회가 매우 높아졌다. 그러나 과연 사립 고등교육기관이 제대로 교육을 하는지에 대해서는 의문이 존재하고 있다.

5. 우즈베키스탄 사회의 '마할라'(Mahalla)

1) 왜 우즈베키스탄에는 거지가 없을까?

우즈베키스탄을 방문했을 때 기차역이나 시장을 가게 되면 예상 외로 거지들을 볼 수 없다. 우즈베키스탄보다 더 잘 산다고 하는 러시아나 카자흐스탄에서도 공공장소에서 거지들은 쉽게 만날 수 있는데 여기서는 수도인 타슈켄트나 지방에서도 이들이 눈에 띄지 않는다. 물론 타슈켄트의 기차역이나 사마르칸트의 유적지를 가게 되면 아기를 안고 구걸하는 집시 여인들은 눈에 띄지만 이들은 우리가 일반적으로 만나는 거지의 모습과는 다르다. 혹자는 우즈베키스탄이 강력한 경찰국가이기 때문에 도시에 존재하는 거지들을 별도의 장소에 강제로 격리시킬 수 있다고 주장할 수 있다. 그러나 우즈베키스탄에 거지가 없는 직접적인 이유는 '마할라'(mahalla)라고 하는 공동체가 존재하기 때문이다.

마할라는 중앙아시아 농경사회에서 발달된 지역공동체로 정의된다.

마할라의 유래에 대한 정확한 기록은 없으나 11세기 문헌에도 나타나기 때문에 그 역사가 오래되었음을 알 수 있다. 일부는 마할라를 중동의 이슬람공동체에 두고 있지만 마할라는 종교, 민족, 신분을 중심으로 모인 단일목적의 집단이 아니라 이를 모두 수용하는 생활공동체로 그 특성을 가진다. 우리의 두레가 마할라의 일부분과 비슷한 기능을 한다고 생각하면 된다. 이러한 마할라의 전통은 중앙아시아에서도 우즈베키스탄에 강하게 남아있다.

　마할라는 다음과 같은 특징을 가진다.

　첫째, 비정부 지역공동체

　마할라는 우즈베키스탄 정부가 법적으로 설정한 행정구역의 단위 위에 존재한다. 예를 들면, 서울시 종로구 관철동이라는 법적으로 규정된 행정구역 안에 역사적으로 자신만의 구역을 가진 마할라들이 존재한다. 타슈켄트 시내를 다니다 보면 도로 변에 'OOO 마할라'라는 팻말을 쉽게 볼 수 있다.

　둘째, 독자적 조직

　마할라는 비정부 지역공동체의 특성을 가지기 때문에 법으로 정한 행정구역을 관리하는 관공서와는 다른 조직을 가지고 있다. 먼저 마할라에는 '하얀수염'이라는 뜻의 '오크소콜'(oqsoqol)이라고 불리는 최고 책임자가 있는데, 이는 마할라 구성원 가운데 연령, 경험, 지식 등을 고려하여 주민들에 의해 선출된 자이다. 오크소콜을 중심으로 마할라주민회의(Mahalla citizen's assemblies)가 있으며, 그

산하에 마할라위원회(Mahalla committee), 교육자문(Educational Advisor), 복지위원회(Welfare commission), 여성위원회(Women's committee), 감사위원회(Audit committee), 행정위원회(Administrative committee) 등이 존재한다. 그리고 공동체의 중요정책은 우리의 반상회와 같은 '켕갸쉬'(kengash)라고 하는 회의를 통해서 수용되고 집행된다.

셋째, 주요 기능

마할라의 주요 기능은 공동체 구성원들의 경조사 지원, 공동체 내의 교육(전통 및 예절), 의료(위생), 복지분야 및 불우이웃지원, 공동체 사업의 실현 등에 집중된다. 여기서 왜 우즈베키스탄에 거지가 없는지 알 수 있다. 마할라 구성원들 중에서 경제적으로 집안 사정이 어려운 가정이 나타나면 이 공동체에서 지원을 하기 때문이다. 그리고 마할라 구성원들 가운데 결혼, 할례, 장례와 같은 경조사를 준비하는 집안은 다른 구성원들이 나서서 십시일반 도와준다. 특히 마할라는 농작물 재배, 수공업 제품 생산 등과 같은 공동체 사업을 한 가지씩 가지고 있다. 여기서 나오는 수익의 일부가 자신의 공동체 구성원들을 지원하는 재원이 된다. 기본적으로 마할라는 구성원들이 힘을 모아서 자신의 공동체를 발전시켜 나가는 좋은 전통을 가지고 있다.

2) 마할라와 정부

우즈베키스탄의 마할라제도는 우즈베크인의 민족정체성을 대변해주는 역사적 상징성을 가지고 있다. 그러나 마할라는 주민자치제이며 비행정조직이기 때문에 국가의 정체(政體)와 정부기관의 입장에서 따라 조직의 운명이 달랐다. 특히 과거 소비에트 당국은 마할라가 민족의 단결과 전통을 강화하는 조직이라고 인식하고 소비에트 시민화 정책에 반하는 조직으로 규정하여 해체시키려고 하였다. 그럼에도 불구하고 마할라는 그 정체성을 유지하고 오히려 조직을 확대시켰다. 실제로 마할라는 소비에트체제의 수용과 더불어 그 성격이 변화되었다. 특히 스탈린의 집단농장(kolhoz)정책으로 인해 시골에 존재하는 마할라는 그 지역의 집단농장에 흡수되었다. 전통적인 혈연 중심의 씨족(clan)사회와 마할라는 오히려 집단농장이라는 광위의 집단에서 그 규모를 확장시켰으며 지역파벌로 발전되었다. 결국 소비에트정부는 우즈베키스탄에 존재하는 마할라의 존재를 인정하는 대신에 이를 정책적으로 활용하려고 전략을 수정하였다. 우선 마할라의 책임자인 오크소콜(oqsoqol)이 정부의 간섭 없이 구성원들에 의해서 선출될 수 있도록 허용하였다. 그러나 지역 공산당위원회가 오크소콜을 직접 지명하여 구성원들이 선출하도록 유도하였으며, 이런 과정을 통해서 마할라를 통제하려고 시도하였다. 소비에트정부도 마할라가 가지는 전통적인 기능은 유지하도록 허락하였다.

우즈베키스탄이 독립하면서 마할라는 자국 정부의 통제와 장려를 동시에 받았다. 우즈베키스탄 정부는 마할라를 통해서 민족정체성을 확립한다는 취지로 마할라를 정책적으로 활용하기 위한 전략을 적극적으로 추진하였다. 비정부 행정조직인 마할라는 1992년 9월 12일 공포된 대통령령인 '마할라 재단의 창립'(on Creation of the Mahalla Foundation)을 통해 본격화되었다. 이를 통해 마할라는 공식적으로 정부 주도의 비정부단체(GONGO)로 등록되었으며, 1993년 마할라법(mahalla law)으로 알려진 "시민자치정부체제에 관한 법"으로 합법화되었다. 그리고 정부는 마할라의 정보를 공유하고 소통하기 위해 마할라신문을 창간하여 활용하고 있다. 현재 마할라는 최종적으로 우즈베키스탄 정부에 의해 외형적으로 비정부 행정조직이라는 전통은 유지하였지만 내부적으로는 정부의 통제를 받고 있다. 특히 "시민자치정부체제에 관한 법"을 통해 정부는 오크소콜에 대한 임금지급, 마할라의 재정지원 등을 통해 후원과 동시에 회의 기록의 지방행정기관에 보고, 주민의 청원이 있을 경우에 오크소콜의 해임권 등을 통해 통제를 병행하고 있다.

일반적으로 이러한 마할라의 존재와 기능은 체제전환기 개발독재 시스템에서는 제거의 대상으로 간주된다. 정부의 중앙집권적 통치방식에 자치조직의 존재는 집행의 효율성과 권위에 방해가 되기 때문이다. 그러나 우즈베키스탄 정부는 마할라의 존재를 확대시키고 기능을 공유하고 감시하는 이중적인 정책을 전개하였다. 우즈베키스탄 정부는 신생독립국으로써 자국의 민족정체성을 확립하기 위하여 전통의 마할라를 폐지하는 대신에 정부기관과의 연계를 통해 마할라를 발전시키고 통제하는 방안을 강구한 것이다. 따라서 마할라의 존재가 지방자치제의 의미를 가지는 굿 거버넌스적인 존재로 인정받을 수 있지만 한편으로는 정부의 통제로 인해 그 가치가 폄하될 수 있다.

만약에 외국인이 우즈베키스탄에서 장기간 거주하기 위해서 아파트를 임대한다면, 이사한 지 이틀 정도면 경찰의 방문을 경험하게 된다. 이것도 마할라의 기능이다. 마할라 구성원들이 자신의 공동체에 거주하려는 낯선 자들을 경찰에 신고하기 때문에 적어도 이틀이면 외국인은 자신의 주거지에서 경찰을 만날 수 있다. 그러나 마할라에 거주하는 외국인은 자동적으로 이 공동체의 구성원이 되고 어려운 일이 생기면 구성원과 동일하게 도움을 받을 수 있다. 앞에서 언급했듯이, 마할라는 종교, 민족, 신분 등을 불문하고 자신의 공동체에 거주하는 자들은 모두 구성원으로 받아들이기 때문이다.

지방자치제도가 시행되지 않고 있는 우즈베키스탄에서 마할라는 비록 비정부행정조직이지만 지방자치제도에 준하는 역할을 하고 있다. 마할라 대표를 주민들이 선출하고 주민의 공공사업에 마할라 조직원이 참여하는 것이 대표적인 예라고 하겠다. 그럼에도 불구하고 정부기관과 마할라가 법적으로 상하관계를 가지기 때문에 과연 마할라 주민들의 민의가 얼마나 반영되고 효과적으로 실행될지 의문이 들 수 있다. 이슬람 카리모프 대통령이 모든 우즈베크인은 마할라 출신이다라고 그 상징성을 부각시켜면서 실제로 지역주민의 통제 수단으로 마할라를 악용한다면 그 의미가 없는 것이다. 그러나 현재까지 조사된 마할라와 정부기관과의 민관협력은 환경, 교육, 의료 분야에서 다양하게 진행되고 있었다.

6. 우즈베키스탄의 사회와 세대

1) 독립세대

전체 우즈베크인 중에서 새로운 우즈베크인은 1991년 독립 전후로 출생한 독립세대이다.

이들은 기성세대와 달리 소비에트 체제를 경험한 적이 없고 자본주의와 민주주의를 보면서 성장한 세대들이다. 따라서 이들의 가치관은 기성세대와 차이가 난다. 게다가 이들이 차지하는 인구 비중을 살펴보면 향후 우즈베키스탄의 중심이 되는 세력이 누구인지 짐작할 수 있게 한다.

1991년부터 2018년까지 출생자 수 (단위: 천 명)

년도	출생아 수	년도	출생아 수	년도	출생아 수	년도	출생아 수
1991	723.4	1998	553.7	2005	533.5	2012	625.1
1992	710.5	1999	544.8	2006	555.9	2013	679.5

년도	출생아 수	년도	출생아 수	년도	출생아 수	년도	출생아 수
1993	692.3	2000	527.6	2007	608.9	2014	718.0
1994	657.7	2001	513.0	2008	646.1	2015	735.8
1995	678.0	2002	532.5	2009	651.3	2016	726.8
1996	634.8	2003	508.5	2010	634.8	2017	722.1
1997	602.7	2004	540.4	2011	622.8	2018	768.5
합계	4,699.4	합계	3,720.5	합계	4,253.3	합계	4,975.8
총계	17,649.0						

* 출처: http://www.demoscope.ru/weekly/ssp/sng_bir.php(검색일: 2024.01.25.)

우즈베키스탄이 독립했던 1991년부터 2018년까지 출생한 총인구는 17,649,000명이었다. 그리고 2018년 당시에 우즈베키스탄 전체 인구는 32,956,100명이었다.[87] 다시 말하면, 2018년에 1세부터 27세까지의 인구가 전체 인구의 53.5%에 해당된다. 이 수치는 키르기스스탄, 타지키스탄, 투르크메니스탄 각국의 인구보다 많다. 결과적으로 이들의 존재는 사회적으로 정치적으로 중요한 의미를 가진다.

우즈베키스탄의 독립세대가 주목을 받는 이유는 이들이 우즈베

---

87) https://www.globaldata.com/data-insights/macroeconomic/the-population-of-uzbekistan- 239276/(검색일: 2024.01.25.)

크인 소비에트 기성세대와는 달리 다양한 정체성을 가지는데서 찾을 수 있다.

소비에트시기에 출생한 우즈베크인 기성세대들은 '소비에트화(Sovietization)' 정책으로 인해 자신의 정체성을 소비에트 이데올로기에 맞추어 살아야만 했기 때문에 단일한 성향을 가질 수밖에 없었다.

우즈베크 독립세대는 소비에트체제가 붕괴하고 체제전환기에 출생하였기 때문에 다양한 경험과 학습을 할 수 있는 환경에서 성장할 수 있었다. 이러한 과정을 통해서 이들이 가지는 정체성은 다양하게 나타났다. 지야예바(Ziyaeva, Diora)는 이를 보다 구체적으로 이해할 수 있도록 우즈베키스탄의 독립세대를 출신, 성장배경, 학력 등을 기준으로 이들이 가지는 정체성을 다음의 다섯 가지로 분류하였다.[88]

첫째, 서구 지향적인 독립세대

이들은 해외에서 유학한 경험을 가지고 있다. 우즈베키스탄 독립세대는 교육 선진국들이 해당국에 제공하는 초청 장학생 프로그램, 해외 학교들과 체결된 교환학생 프로그램, 해당국 대통령이 선발하는 해외유학 장학생 선발 제도인 '우미드 재단'(Umid Foundation)

---

[88] Diora Ziyaeva. 2006. "Changing Identities Among Uzbek Youth: Transition From Regional to Socio-Economic Identities," NBR(The National Bureau of Asian Research) Conference on Generation Change and Leadership Succession in Uzbekistan. Washington D.C.

프로그램 등을 통해서 장단기로 해외유학을 갈 수 있다. 그러나 위의 프로그램을 통해 해외유학을 가기 위해서는 일차적으로 매우 우수한 학업성적을 받아야 하며, 이차적으로는 타슈켄트에 소재하는 학교에 재학하는 것이 유리하다. 따라서 치열한 경쟁을 뚫고 해외로 유학을 나가는 자는 독립세대 중에서 극소수에 불과하다. 그러나 이들의 수가 적다고 하더라도 우즈베크 사회에 미치는 영향은 상당하다. 교육 선진국에서 유학을 마친 이들은 가급적 현지에서 남기를 희망하지만 대부분은 귀국을 해야만 한다.[89] 현지에서 선진문물을 체험한 이들은 해당국의 실정을 부정적으로 바라볼 뿐만 아니라 자신이 가지는 민족정체성과 전통에도 큰 의미를 부여하지 않고 서구지향적인 의식을 가지게 된다. 따라서 이들은 해당국에 진출한 외국 기업에 취업하기를 선호하며, 기회가 되면 다시 해외로 나가려고 시도한다.[90]

둘째, 교외 지역 출신의 독립세대

이들의 대부분은 중소규모의 도시에서 출생하고 우즈베키스탄 소재 대학교에 재학하고 있다. 그리고 이들은 앞에서 언급한 최우

---

89) 우미드 재단(Umid Foundation)을 통해 해외에서 유학하는 이른바 대통령 장학생들은 학업을 마치면 반드시 귀국하여 5년을 국가를 위해 봉사해야만 하는 의구규정의 적용을 받는다. 만약에 이를 위반하게 되면 학생의 부모가 유학비용 일체를 이 재단에 갚아야만 한다. 이 외의 프로그램으로 유학을 떠난 학생들은 이러한 의무규정이 없기 때문에 현지에서 체류할 수 있지만 특별한 경우가 아니고는 직업을 현지에서 구하기 힘들기 때문에 재정적인 문제로 대부분 귀국을 한다.
90) 우즈베키스탄에서 이들은 자신의 수준에 맞는 직장을 찾기가 힘들다. 외국 기업도 우즈베키스탄의 폐쇄적인 경제시스템으로 인해 증가하지 않고 있기 때문에 기회가 되면 이들은 해외로 이주하려고 시도한다.

수 학생들 군에는 들어가지 못하기 때문에 해외 유학을 떠날 수 있는 기회를 잡지는 못한다. 따라서 이러한 부류들은 카리모프와 미르지요예프 정권이 정치적으로 추진하는 독립세대를 위한 프로그램들을 긍정적으로 수용하고 자신의 민족정체성 확립과 전통 유지를 중요하다고 인식한다. 전체 독립세대에서 이들의 수가 두 번째로 많다.

셋째, 농촌 출신의 독립세대

이들의 대부분은 가난한 지방의 농촌 출신으로 고등교육을 받기보다는 일찍이 사회활동을 시작한다. 일반적으로 농업에 종사하거나 시장에서 장사하는 경우가 많다. 특히 러시아, 카자흐스탄, 한국 등과 같은 해외로 이주노동을 떠나서 현지에 불법 체류하는 자들이 이 부류에 속한다.[91] 전체 독립세대에서 이들의 수가 가장 많다.

넷째, 상류계층의 독립세대

이들의 대부분은 대도시 출신이며 자신의 부모들이 해당국의 권력층에 있다. 앞에서 언급한 서구 지향적인 독립세대와 달리 이들은 자비로 유학을 떠날 수 있는 재력을 가지고 있기 때문에 세계화가 가장 앞서 있다. 특히 이들은 자신과 같은 부류들이 어울리는 사교모임에 참가하기 때문에 현재의 권력층과 밀접한 친분을 쌓을 기

---

91) 2007년도 통계에 의하면, 해외로 이주노동을 떠난 우즈베크인은 2백만 명 정도이고, 이들이 본국으로 송금하는 금액은 해당국 GDP의 8%에 달한다.(http://www.fergananews.com/article.php?id=5206(검색일:2014.11.02)). 이들 중에서 독립세대가 얼마나 차지하는지는 알려지지 않고 있지만, 일반적으로 20세가 되면 해외 이주노동으로 떠나는 경향이 많기 때문에 그 수가 상당할 것으로 예상된다.

회를 가진다.

다섯째, 방치된 독립세대

이들은 어릴 때부터 범죄를 저지르면서 성장했으며, 독립세대 전체로 보면 극소수이기는 하지만 이들을 위한 재활센터가 부족하기 때문에 미래의 범죄자 집단으로 분류된다.

위와 같이 분류된 우즈베키스탄의 독립세대가 가지는 특징은 지금까지 존재했던 해당국의 정치시스템과 정치문화에 상당한 변화를 제공할 것으로 예상된다.

첫째, 지역파벌들의 세력이 약화될 것이다.

씨족 중심의 지역파벌이 형성되기 위해서는 해당 지역의 구성원들이 지역 정체성(regional identity)을 확고히 구축해야 하고 충성도가 높아야 한다. 그러나 독립세대는 출신지를 벗어나서 학업을 수행하거나 직장생활을 하는 경우가 기성세대보다 많기 때문에 위의 요건을 충족시키지 못할 가능성이 높아지고 있다. 예를 들면, 서구지향적인 독립세대는 지역 정치성과 민족정체성은 고사하고 국가 정체성마저도 흔들리고 있으며, 교외 지역 출신의 독립세대는 카리모프와 미르지요예프 정권을 지지하는 세력으로 성장할 수 있으며, 농촌 출신의 독립세대는 해외 이주노동으로 인해 지역 정체성의 정도가 갈수록 낮아질 수 있으며, 상류계층의 독립세대는 권력층에 속하기 때문에 카리모프와 미르지요예프 정권을 지지할 수밖에 없다. 따라서 기존의 지역파벌들은 그 세력이 약화될 것으로 예상된다.

둘째, 점진적으로 정치의식에 변화가 일어날 것이다.

우즈베키스탄은 권위주의 문화가 만연해 있어서 공권력에 대한 부당한 행위에 대해서 시민들은 저항하기가 힘들다. 그러나 해외 유학과 이주노동을 경험한 독립세대들은 의식이 변화되어서 점차적으로 자신의 권리를 찾으려고 하고 있다.

셋째, 세대 간의 충돌이 발생할 수 있다.

독립세대가 지역파벌 구조와 권위주의에 익숙한 기성세대와 충돌할 가능성이 있다. 일반적으로 우즈베키스탄 사회는 가부장적인 성격이 강하게 남아있기 때문에 기성세대의 의견이나 결정이 존중을 받는다. 따라서 독립세대가 이러한 전통으로부터 쉽게 벗어날 수는 없다. 그러나 선거와 같이 비밀이 보장되는 경우에는 독립세대가 기성세대와 다른 선택을 할 수 있다. 특히 주목해야 하는 부분은 카리모프와 미르지요예프 정권을 지지하는 독립세대가 있는 반면에 불만을 가지는 자들도 있기 때문에 이 세대 내부 간의 충돌도 예상할 수 있다는 점이다.

위와 같이 독립세대가 향후 우즈베키스탄 정치에 큰 변수가 될 것으로 예상되기 때문에 카리모프와 미르지요예프 정권의 입장에서는 이들을 위한 정책이 필요했다. 현재 우즈베키스탄 시민은 투표권을 18세부터 가진다. 이것은 2009년부터 해당국의 독립세대가 투표권을 처음으로 가졌다는 것을 의미한다. 따라서 이들이 최초로 투표권을 행사하게 되는 2015년 3월 29일 대통령 선거는 독립 이후 전개된 우즈베키스탄 선거에 변수가 될 것이라고 예상되었다.

2) 정권과 독립세대

카리모프 정권은 자국의 독립세대가 가지는 파워를 인식하고 이들을 친정부 성향으로 유도하기 위해 다음과 같은 프로그램을 만들었다.

첫째, 자선단체를 설립하였다.

대표적인 우즈베키스탄의 자선단체는 이슬람 카리모프의 차녀인 롤라 카리모바(Lola Karimova)가 설립한 '너는 혼자가 아니다(You are not alone)' 와 '아동의 사회적응을 위한 국가센터(The National Centre for the Social Adaptation of Children(NCSAC))'가 있었다.[92] 전자는 2002년에 설립되어 주로 고아를 지원하는 사업을 전개하였으며, 유네스코와 같은 국제기구들과 협력했다. 후자는 2004년에 정부의 후원을 받아서 설립되었으며, 18세 이하에 속하는 불우아동과 그 가족을 그리고 장애아동을 지원하였다.

둘째, 독립세대를 위한 콘테스트를 개최하였다.

대표적인 프로그램이 '미래의 목소리(Voices of the Future)' 였다. 이것은 독립세대가 예술, 과학 등과 같은 다양한 분야의 콘테스트에 참가하여 경쟁하는 것을 텔레비전으로 방송하는 방식이었는데 우승자는 장학금을 받았다. 2005년도에 처음으로 개최된 이 대회에

---

92) http://www.lolakarimova.com/en/(검색일: 2024.01.25.)

3,000명이 참가하였으며, 2008년도에는 무려 54,000명이 지원하였다. 그런데 이러한 콘테스트를 후원하는 자는 이슬람 카리모프의 장녀인 굴로라 카리모바(Gulnora Karimova)였다. 궁극적으로 카리모프 정권은 이러한 프로그램을 활용해서 독립세대가 자신에게 적대적인 감정을 가지지 못하도록 유도했다.[93]

셋째, 친정부 성향의 독립세대 단체를 조직했다.

친정부 성향의 우즈베키스탄 대표적인 독립세대 단체는 '카말롯'(Kamalot)이었다.[94] 이 단체는 1996년 4월 17일에 카말롯 설립에 관한 우즈베키스탄 대통령령이 통과된 후, 2001년 1월 25일에 본격적으로 활동하였다. 카말롯은 형식적으로는 비정부적 성향을 가지는 사회단체였다. 이 단체는 독립세대를 위해 설립되었다고는 하지만 참가할 수 있는 연령대가 14 - 35세로 그 폭이 넓으며, 해당국의 도시, 주(州)마다 지부를 두고 있었다. 카말롯의 기본적인 설립 목적은 민주주의와 시민사회 건설을 위한 독립세대의 법적 지식 함양, 자랑스러운 후손이 되기 위한 필수과제들을 독립세대가 수행할 수 있도록 유도하고 다양한 국가, 단체들과 협력하는 것, 국가 발전을 위해 독립세대의 에너지와 지식이 활용될 수 있도록 환경을 조성하는 것, 국제유년단체들과 상호 유용한 관계를 구축할 수 있도록

---

93) Eric McGlinchey. 2009. "Searching for Kamalot: Political Patronage and Youth Politics in Uzbekistan," Europe-Asia Studies. Vol.61, No.7. p.1140.

94) 카말롯은 우즈베크어로 'kamolot'으로 적으며, '완성(perfection)'이라는 의미를 가진다. 미르지요예프 대통령은 2017년 7월에 카말롯을 '우즈베키스탄 청년연합'(Youth's Union)에 흡수시켰다.

방향을 제시하는 것, 독립세대의 건전한 삶에 방해가 될 수 있는 위험 요소들을 방어할 수 있도록 환경을 조성하는 것, 민족들 간에 화합을 강화시킬 수 있도록 환경을 조성하는 것, 자신의 미래를 준비하기 위해 역량을 키울 수 있도록 환경을 조성하는 것 등이었다.[95] 실제로 우즈베키스탄 정부는 위와 같은 목적을 수행하기 위해서 다양한 프로그램을 개발하여 지원하였다. 이 단체의 성격은 소비에트 시기에 조직된 공산당청년동맹인 콤소몰(Комсомол)과 유사하며, 그 이면에는 카리모프 정권을 지지하도록 이들을 세뇌시킨다는 주장이 있었다.[96]

2015년 대선에서 정부에 등록된 총 유권자 수는 20,798,052명이었다. 이 선거에서 1996년 출생자들이 처음으로 유권자가 되었는데, 1991년부터 1996년까지 출생한 자들의 수를 모두 합치면 4,096,700여 명이 된다. 이 수치는 전체 유권자의 19.6%에 해당된다. 2015년 대선에서 카리모프 전 대통령은 투표율 91.08%에 유권자 91.83%의 지지를 받아서 당선되었다.

투표 결과에 따르면 독립세대 유권자들의 반란표는 사실상 없었다.

2016년 12월 4일 대통령 선거에서 정부에 등록된 총 유권자 수는 20,461,805명이었다. 미르지요예프는 투표율 87.73%에 유권자

---

95) http://www.uzprogress.narod.ru/Partiyalar.htm(검색일: 2024.01.25.)
96) Eric McGlinchey. 2009. "Searching for Kamalot: Political Patronage and Youth Politics in Uzbekistan," Europe-Asia Studies. Vol.61, No.7. p.1139.

90.29%의 지지를 받아서 당선되었다. 이 선거도 지난 선거와 비교했을 때 지지도 차이는 거의 없었다.

미르지요예프는 2021년 10월 24일에 유권자 80.42% 투표율과 80.31%의 지지로 재선에서 성공하여 장기집권의 발판을 만들었다.[97] 이 선거에서 2003년 출생자들이 처음으로 유권자가 되었는데, 1991년부터 2003년까지 출생한 자들의 인구수를 모두 합치면 7,879,500명이었는데 이 수는 전체 유권자 20,158,907명의 39%에 해당되었다. 이 선거에서 주목할 수 있는 것은 투표율과 미르지요예프 지지도가 90% 이하로 떨어졌다는 점이다.

2023년 4월 30일에 우즈베키스탄에서는 대통령 임기를 현행 5년 중임에서 7년 중임으로 변경하고 현 대통령인 미르지요예프(Shavkat Mirziyoyev)가 개헌안에 맞춰 차기 대선에 출마할 수 있다는 내용의 국민투표가 시행되었는데, 유권자 84.54%의 투표율에 90.21%의 찬성으로 통과되었다.[98] 이 국민투표에서 독립세대 유권자는 1991년 출생한 자부터 2005년까지 출생자까지 해당된다. 이들의 인구수는 대략 8,350,700명이다. 이 수치는 전체 유권자 19,593,838명의 42.6%이다.

미르지요예프는 2026년에 예상되었던 대선을 2023년 7월 9일

---

[97] "Uzbekistan leader wins second term in 'not truly competitive' election," https://www.euronews.com/2021/10/25/uzbekistan-leader-wins-second-term-in-not-truly-competitive-election(검색일: 2024.01.25.).

[98] "우즈베키스탄 대통령 임기 5년→7년 연장 개헌안 국민투표 통과," https://www.yna.co.kr/view/AKR20230501078400096(검색일: 2024.01.25.).

로 앞당겨서 실시하도록 하였다. 그는 투표율 79.88%에 유권자 87.71%의 지지를 받아서 7년 중임 대통령제에 초선으로 당선되었다. 여기서 주목해야 하는 것은 투표율이 우즈베키스탄이 독립하고 실시했던 모든 선거에서 처음으로 80% 이하로 떨어졌다는 것이다. 카리모프 정권에서 실시되었던 모든 선거에서 90% 이하로 투표율이 떨어진 적은 한 번도 없었다.

 2023년 대선에서 나타난 유권자의 투표 동향이 공식적으로 혹은 비공식적으로 발표된 적은 아직까지 없다. 따라서 투표율 79.88%의 원인을 독립세대로부터 찾는다는 것은 무리가 있다. 그러나 독립세대가 전체 유권자의 50%에 육박하는 상황에서 투표율 저하의 원인을 다른 곳에서 찾기는 더욱 힘들다고 판단된다.

 차기 대선은 2030년에 실시된다. 그때가 되면 1991년 출생자부터 2012년 출생자까지 독립세대 유권자가 되는데 그 수는 13,298,300명으로 예상된다. 독립세대 유권자가 전체 유권자의 60%가 넘을 것으로 예상되기 때문에 2030년 대선은 상당한 의미를 가질 것으로 예상된다. 물론 미르지요예프는 7년 중임 대통령제에서 재선이 될 가능성은 매우 높다. 우리가 주목해야 하는 것은 투표율과 지지율이다.

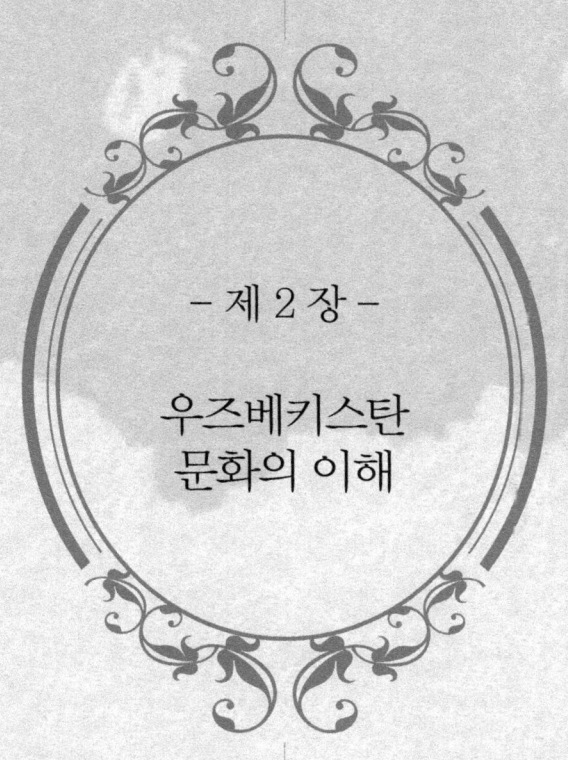

- 제 2 장 -

우즈베키스탄
문화의 이해

1. 정치문화

1) 왜 우즈베키스탄의 독재체재는 안정적으로 유지될까?

2023년 4월 30일에 우즈베키스탄에서는 대통령 임기를 현행 5년 중임에서 7년 중임으로 변경하고 현 대통령인 미르지요예프(Shavkat Mirziyoyev)가 개헌안에 맞춰 차기 대선에 출마할 수 있다는 내용의 국민투표가 시행되었는데, 유권자 84.54%의 투표율에 90.21%의 찬성으로 통과되었다.[99] 이와 같은 헌법의 개정에 따라 그는 임기가 끝나는 2026년에 7년 중임의 대통령 선거에 출마할 수 있으며, 궁극적으로 2040년까지 집권할 수 있게 되었다. 실제로 5월 8일에 미르지요예프는 2026년 10월에 예정된 차기 대선을 거의 3년이나 앞당겨 7월 9일에 7년 중임의 조기 대선을 실시한다는 법안에 서명했다.[100] 그는 이 선거에서 투표율 79.88%에 유권자

---

[99] "우즈베키스탄 대통령 임기 5년→7년 연장 개헌안 국민투표 통과," https://www.yna.co.kr/view/ AKR20230501078400096(검색일: 2024.01.25.)

[100] "Uzbekistan's leader calls for snap presidential election in July," https://www.aljazeera.com/news/2023/5/8/uzbekistans-leader-calls-for-snap-presidential-election-in-july(검색일: 2024.01.25.)

87.71%의 지지를 받아서 7년 중임 대통령제에 초선으로 당선되었다.

미르지요예프의 위와 같은 권력 연장은 실제로 전임 대통령이었던 카리모프가 했던 방식이었다.

1991년 12월 29일에 독립 우즈베키스탄의 초대 대통령에 당선되었던 카리모프는 5년 임기가 끝나기 전인 1995년 3월 26일에 국민투표를 통해 유권자 99.3%의 투표율에 99.6%의 찬성으로 임기를 2000년까지 연장했다.[101]

그는 2000년 1월 9일에 실시된 재선에서 유권자 95.1%의 투표율에 95.7%의 지지를 받아서 당선되었으며, 2002년 1월 27일에 다시 국민투표를 통해 유권자 99.3%의 투표율에 99.6%의 찬성을 받아서 대통령 임기를 현행 5년 중임에서 7년 중임으로 개정하였다.[102]

2007년 1월 22일에 대통령 임기가 종료되었지만 차기 대선은 실시되지 않았다. 실제로 2006년 하반기부터 선거와 관련된 사전 일정이 진행되어야 하는데 우즈베키스탄 중앙선거관리위원회(Central Electoral Commission)는 대선 관련 공식 일정을 발표하지

---

[101] "The Referendum of Uzbekistan on January 27, 2002," https://saylov.uz/en/docs/2002-jil-27-yanvar-ozbekiston-respublikasi-re ferendumi-otkazilci(검색일: 2024.01.25.).

[102] "The Referendum of Uzbekistan on January 27, 2002," https://saylov.uz/en/docs/2002-jil-27-yanvar-ozbekiston-respublikasi-re ferendumi-otkazildi(검색일: 2024.01.25.).

않았고 각 정당은 후보조차 선출하지 않았다.[103] 실제로 7년 중임의 첫 번째 대선은 카리모프의 헌법상 임기가 종료되는 시점보다 대략 11개월이 지난 2007년 12월 23일에 실시되었고 카리모프는 유권자 90.6%의 투표율에 90.7%의 지지를 받아서 당선되었다.[104] 그런데 헌법상의 대통령 임기 종료 시점을 기준으로 하면 2007년 우즈베키스탄에는 11개월 정도 대통령이 공석이 되어야 한다. 그러나 중앙선거관리위원회는 헌법 117조에 대통령 선거는 대통령의 헌법상 임기가 종료되는 해인 12월의 세 번째 십(decade) 단위의 첫 번째 일요일에 실시되기 때문에 2007년 1월 22일 카리모프의 임기가 법적으로 종료되지만, 대선일인 12월 23일 이전까지 대통령으로서 법적인 지위를 가지는 데 문제가 없다고 하였다.[105] 여기서 주목해야 하는 점은 헌법 90조에 명시된 대통령 임기 7년과 117조 조항은 상충한다는 것이다.[106] 이후 2011년 12월 5일 상원(Senate)은 대

---

103) "Когда в Узбекистане будут объявлены очередные президентские выборы?," https://www.fergananews.com/articles/4647(검색일: 2024.01.25.)

104) "Republic of Uzbekistan Election for Uzbekistani Presidency," https://www.electionguide. org/elections/id/2058/(검색일: 2024.01.25.)

105) 헌법 117조 원문은 다음과 같다. Выборы Президента Республики Узбекистан, в Законодательную палату Олий Мажлиса Республики Узбекистан и Жокаргы Кенес Республики Каракалпакстан, в представительные органы государственной власти областей, районов, городов проводятся соответственно в год истечения конституционного срока их полномочий — в первое воскресенье третьей декады декабря. "Глава XXIII. Избирательная система, Статья 117," https://lex.uz/acts/48063(검색일: 2024.01.25.)

106) 헌법 90조 원문은 다음과 같다. Президент Республики Узбекистан избирается гражданами Республики Узбекистан на основе всеобщего, равного и прямого избирательного права при тайном голосовании сроком на семь лет. "Глава XVIII.

통령 임기를 7년에서 다시 5년으로 단축한다고 결의하였다.[107] 이와 같은 결정은 7년 중임 이후 다시 5년 중임의 대선에 카리모프가 출마할 수 있도록 만든 사전 조치라고 평가되었다.[108]

2015년 3월 29일 7년 중임의 두 번째 선거에서도 카리모프는 유권자 91.08%의 투표율에 91.83%의 지지를 받아서 승리하였다.[109]

2016년 9월 2일 카리모프가 사망한 후 12월 4일에 실시된 대선은 2011년 상원 결의에 따라 5년 임기의 대통령이 선출되는 것이었다. 이 선거에서 미르지요예프는 유권자 87.73% 투표율에 90.29%의 지지를 받아서 당선되었다. 그리고 미르지요예프가 2021년 10월 24일에 유권자 80.42% 투표율과 80.31%의 지지도 재선에서 성공하면서 그가 카리모프와 같은 장기 집권을 시도할 것이라고 예상되었다.[110]

1991년부터 2023년까지 32년 동안 카리모프는 25년 동안 집권했으며, 그를 이어서 집권한 미르지요예프는 14년 장기 집권의 가

Олий Мажлис Республики Узбекистан, Статья 90," https://lex.uz/acts/48063(검색일: 2024.01.25.)

107) "Uzbekistan's Senate votes to cut presidential term," https://www.reuters.com/article/uzbekistan-presidency-idUKL5E7N52FH20111205(검색일: 2024.01.25)

108) "В Узбекистане утвердили сроки парламентских и президентских выборов," https://lenta.ru/news/2012/03/23/terms/(검색일: 2024.01.25.)

109) "Republic of Uzbekistan Election for Uzbekistani Presidency," https://www.electionguide.org/elections/id/2820/(검색일: 2024.01.25.)

110) "Uzbekistan leader wins second term in 'not truly competitive' election," https:// www.euronews.com/2021/10/25/uzbekistan-leader-wins-second-term-in-not-truly-competitive-election(검색일: 2024.01.25.)

능성을 만들어놓았다. 전자는 국민투표를 2번 그리고 후자는 1번을 실시하면서 권력을 연장했다. 특히 카리모프는 2007년에 11개월 정도 대통령이 아닌 대통령이 되기도 하였다.

이처럼 연속되는 위 대통령들의 장기독재화와 관련된 비민주적이고 위헌적인 정치 행위는 정상적인 민주주의 국가에서는 국민의 강력한 저항에 직면했을 것이다.[111] 심지어 카자흐스탄에서도 카리모프와 유사한 방식으로 권력을 연장했던 나자르바예프(Nursultan Nazarbayev)를 상대로 2022년 1월 2일에 국민이 저항하였다.[112] 나자르바예프는 결국 31년 동안 누렸던 절대 권력을 내려놓고 정치권에서 완전히 퇴진 당했다. 2019년 3월 19일 나자르바예프가 대통령에서 자진해서 사퇴한 후 6월 9일 대선에서 당선된 토카예프(Kassym-Jomart Tokayev)는 2022년 9월 1일에 7년 단임제 대통령제를 제안하고 조기 대선을 실시할 것이라고 발표하였다.[113] 그는

---

111) 본 연구에서 서술된 독재자, 독재국가, 독재체제에서 독재는 나자르바예프, 카리모프, 미르지요예프의 비민주적인 정치행위에 대해서 야당, 입법부, 사법부, 시민단체 등이 사실상 반발하지 않았기 때문에 한 사람이 삼권과 시민단체를 장악했다는 의미를 가진다.

112) 나자르바예프의 정권 연장 방식은 다음과 같다. 1991년 12월 5년 중임 초대 대통령 당선, 1995년 4월 국민투표 실시하여 임기 2000년까지 연장, 1995년 8월 대통령 임기 5년에서 7년 중임으로 헌법 개정, 1999년 1월 조기 대선 단행하여 7년 중임 초선, 2005년 12월 조기 대선 단행 7년 중임 재선, 2007년 5월 상·하원은 초대 대통령에 국한하여 3선 연임 금지 조항 철폐 및 대통령 임기 현행 7년에서 5년 중임으로 단축, 2011년 4월 5년 중임 초선, 2015년 4월 5년 중임 재선. 2019년 3월 자진사퇴 이후 나자르바예프는 '국민회의'(the Assembly of People) 종신의장, '국가안보회의'(National Security Council) 종신의장, '누르오탄'(Nur Otan)당 의장, '헌법위원회'(Constitutional Council) 종신위원으로 남아서 후임 대통령을 능가하는 권력을 유지하였다.

113) "Kazakhstan leader seeks snap presidential vote with 7-year term," https://www.aljazeera.com/news/2022/9/1/kazakhstan-leader-seeks-snap-presidential-vote-with-7-year-term(검색일: 2024.01.25).

그해 11월 20일에 실시된 대선에서 유권자 69.4% 투표율에 81.3%의 지지를 받아서 7년 단임제 대통령에 선출되었다.[114]

위와 같이 우즈베키스탄과 카자흐스탄의 초대 대통령이 독재 권력을 연장했던 방법은 유사하였지만 차기 대통령의 정치적 행보는 달랐다. 그 차이점은 바로 국민의 저항 여부와 투표율의 변화에 있었다. 여기서 다음과 같은 문제를 제기할 수 있다.

첫째, 우즈베키스탄 국민은 왜 비민주적이고 위헌적인 정치 행위를 통해 독재 권력을 연장하였던 두 명의 대통령에게 저항하지 않았는가?

둘째, 총 6번의 대선과 2번의 국민투표에서 우즈베키스탄 유권자의 투표율과 당선자에 대한 지지율은 왜 평균 90% 수준으로 나타나는가? 이러한 수치는 대부분의 민주주의 국가에서는 찾기 힘들다.

셋째, 전자는 국민의 정치적 무관심이고 후자는 국민의 매우 높은 정치적 참여로 이해될 수 있다. 어떻게 이것이 민주주의 국가에서 공존할 수 있는가?

우즈베키스탄을 비롯한 중앙아시아 주요 독재국가들의 통치자가 권력을 형성하고 강화하고 승계하는 과정이 '씨족'(clan) 중심의 지

---

114) "Kazakh President Tokayev wins re-election with 81.3% of vote," https://www. reuters.com/world/asia-pacific/tokayev-wins-kazakh-presidential-election-with-813-vote- 2022-11-21/(검색일: 2024.01.25.)

역파벌 구도로 대부분 분석되었다.[115] 그러나 카자흐스탄 사례는 이와 같은 분석에 한계가 있음을 보여주었다. 따라서 기존에 씨족 중심의 지역파벌 관점이 아닌 역사적으로 형성된 '정치문화'를 통해서 우즈베키스탄 독재체제의 지속가능성 원인이 분석될 필요가 있다. 전자는 우즈베키스탄 권력 상층부의 관계 속에서 독재체제의 형성과 권력 연장의 가능성을 분석했다면, 후자는 반대로 자국의 통치자들과 그들의 정치 행위를 인식하는 피통치자의 관습, 전통, 가치, 신념, 감정 등으로 독재체제의 지속가능성을 분석하는 차이점을 가진다.

2) 정치문화의 이론 및 주요개념

정치문화가 특정 국가의 독특한 정치 상황을 이해하는데 적합한 방법이라고 인정받게 된 것은 알몬드와 베르바가 1963년에 발간한

---

[115] 중앙아시아 씨족 중심의 지역파벌이 분석된 국내외 주요 연구는 다음과 같다. Paul Geiss. 1999. "Turkmen Tribalism," Central Asia Survey. Vol.18, No.3. pp.134-157. Adrienne Edgar. 2004. Tribal Nation (Princeton: Princeton University Press), Edward Schatz. 2004. Modern Clan Politics: The Power of "Blood" in Kazakhstan and Beyond (Seattle: University of Washington Press), Kathleen Collins. 2006. Clan politics and regime transition in Central Asia (Cambridge and New York: Cambridge University Press), Janine Wedel, 2003. "Clans, Cliques and Captured States: Rethinking 'Transition' in Central and Eastern Europe and the Former Soviet Union," Journal of International Development. Vol.15, No.4. pp.427-440, 성동기. 2004. "우즈베키스탄 씨족(clan)의 순환적 발전행태," 러시아어문학연구논집. No.16. pp.349-370, 이상준. 2007. "우즈베키스탄의 씨족과 사회 네트워크," 슬라브학보. Vol.22, No.2. pp.309-339, 엄구호. 2009. "중앙아시아의 민주주의와 씨족 정치," 세계지역연구논총. Vol.27, No.3. pp.181-220, 방일권. 2012. "비공식 제도로서 씨족정치: 우즈베키스탄의 사례," 중소연구. Vol.36, No.1. pp.241-269, 윤도원, 백우열. 2019. "투르크메니스탄과 우즈베키스탄의 권력승계 과정과 체제 안정성 연구," 국제정치논총. Vol.59, No.3. pp.265-308.

'시민문화'(The Civic Culture)에서 출발한다. 이들이 정치문화에 주목한 이유는 다음과 같다.[116]

첫째, 제1차 세계대전 이후 파시즘과 공산주의가 발전하면서 서구의 민주주의 낙관론은 심각한 의구심을 불러일으켰고 제2차 세계대전 이후 아시아와 아프리카에서 독립 국가들이 폭발적으로 증가하면서 안정적인 형태를 갖춘 민주주의의 미래에 대한 불안감이 나타났다.

둘째, 과학과 기술의 발전 그리고 경제성장으로 인해 전 세계적으로 평범한 사람도 정치적 의사 결정 과정에 참여할 기회를 제공하는 참여 정치의 중요성이 대두되었다. 그리고 민주주의에 적합한 법적·제도적 정치 참여 방식이 대부분의 민주주의 국가에서 유사하게 갖추어지고 있다.

셋째, 참여 정치의 결과는 법적·제도적 장치의 유사성과 달리 민주주의 각국 국민의 '정치태도'(political attitudes)와 밀접한 관련성을 가진다. 이러한 현상은 각국이 역사적 경험으로 축적한 고유한 전통과 문화가 참여 정치에 영향을 미치기 때문인데 이것이 정치문화라고 할 수 있다.

알몬드와 베르바는 민주주의 국가인 미국, 영국, 독일, 이탈리아, 멕시코 시민 5,000명을 대상으로 2년 동안 민주주의와 정치 참여

---

[116]   Gabriel Almond, Sidney Verba. 1963. The Civic Culture: Political Attitudes and Democracy in Five Nations (Princeton, New Jersey: Princeton University Press). pp.4-5.

의 문제에 대해 인터뷰하였고 이를 통해서 5개국의 정치문화를 분석했다. 이들은 먼저 정치체제(political system)의 '대상'(objects)을 크게 세 개로 분류하였고 다음으로 이에 대한 세 종류의 '정치성향'(political orientation)을 제시하면서 5개국의 국민이 '일반 대상으로서의 체제'(System as General Object) '투입대상'(Input Objects), '산출대상'(Output Objects), '대상으로서의 자아'(Self as Objects)에 대해서 어떤 성향을 보이고 있는지를 분류하여 5개국 국민이 가지는 정치문화의 특징을 분석했다.[117]

정치체제 대상[118]	· 입법기관, 행정부 또는 관료와 같은 특정 역할 또는 구조
	· 군주, 입법자 및 행정관과 같은 역할의 현직자(incumbent)
	· 특정 공공정책, 결정 또는 결정 집행
정치성향	내용
인지적(cognitive)	· 정치체제의 역할(role), 현직자, 투입과 산출에 대한 지식과 믿음
감성적(affective)	· 정치체제의 역할, 인사(personnel), 성과(performance)에 대한 감정(feeling)
평가적(evaluational)	· 가치 표준과 정보 및 감정을 가지는 기준의 조합을 전형적으로 포함하는 정치적 대상(political objects)에 관한 판단과 의견

---

117) Ibid. 15-16.
118) 이 표는 알몬드와 베르바의 시민문화(The Civic Culture) 15-16페이지 내용을 정리하여 만든 것이다.

알몬드와 베르바는 인터뷰 결과를 바탕으로 5개국의 정치문화를 다음과 같이 세 가지로 분류하였다.[119]

분류	특성
지방형[120] (Parochial)	• 아프리카 부족사회와 자치 지역공동체에서 나타난다. • 구성원의 정치적 역할은 없다. • 구성원은 정치체제에 의한 정치변화를 기대하지 않는다. • 통치자는 법의 범위를 벗어나고 이를 임의로 수정한다. • 구성원은 정치체제에 대해서 인지적 보다는 감성적 성향을 보인다.
신민형 (Subject)	• 구성원이 '산출대상'과 '대상으로서의 자아'에 대한 성향은 없다. • 구성원은 정치체제와 수동적인 관계를 유지한다. • 구성원은 정치체제에 대해서 인지적 보다는 감성적 성향을 보인다.
참여형 (Participant)	• 구성원이 명시적으로 정치체제 전체 혹은 정치적, 행정적 구조와 과정에 대해 참여하는 성향을 보인다. • 참여 정치의 개별 구성원은 다양한 종류의 정치적 대상에 대해 호의적이거나 비호의적일 수 있다. • 구성원은 정치에서 스스로 '활동가'(activist)라는 성향을 보인다. • 구성원은 정치체제에 대해 인지적, 감정적, 평가적 성향을 모두 가지며 정치적 결정에 대한 수용 혹은 거부 의사를 표한다.

알몬드와 베르바는 세 가지 정치문화가 가지는 관계를 다음과 분

---

119) Ibid. 17-19.
120) 이 표는 알몬드와 베르바의 시민문화(The Civic Culture) 17-19페이지 내용을 정리하여 만든 것이다.

석하였다.[121]

첫째, 세 가지 정치문화에서 하나의 성향이 다른 성향으로 대체될 것이라고 가정하기는 어렵다. 신민형 정치문화는 공동체의 일차적이고 친밀한 구조에서 확산한 성향을 제거할 수 없다. 다시 말하면, 혈통, 종교 공동체, 마을에 확산한 성향은 정부 기관에 대해 신민형으로 나타난다. 마찬가지로 참여형 정치문화는 신민형과 지방형 성향으로 대체될 수 없다. 참여형 정치문화에 속하는 구성원은 정치에 대한 능동적 참여를 지향할 뿐만 아니라 법의 지배를 보장받으려고 한다.

둘째, 정치문화는 정치체제의 구조와 일치할 수도 있고 일치하지 않을 수도 있다. 그러나 일반적으로 지방형 정치문화, 신민형 정치문화, 참여형 정치문화는 각각 전통적인 정치구조, 중앙집권적 권위주의 구조, 민주적 정치구조와 가장 잘 어울린다.

셋째, 인지적, 감성적, 평가적 성향이 긍정적으로 나타나면 정치구조와 정치문화가 일치하는 경향을 보인다고 평가될 수 있지만 인지적 감정은 긍정적이고 감성적, 평가적 성향이 무관심하거나 부정적이면 양자는 조화롭지 못하다는 것을 의미한다.

알몬드와 베르바의 정치문화 연구는 제2차 세계대전 이후 민주주의 미래에 대한 불안감을 해소하기 위해 국가 구성원의 정치태도와 민주주의와의 상관관계를 찾는 데서 출발하였다. 그리고 궁극적으

---
121) Ibid. 19-22.

로 국가 구성원의 정치체제에 대한 인지적, 감성적, 평가적 성향이 모두 갖추어진 참여정치가 민주주의를 안정적으로 발전시킨다는 결론으로 귀결되었다. 따라서 이들의 정치문화 연구는 단계별로 발전하는 국가와 그렇지 못한 국가들의 차이에 대한 분석적 고찰이 부족하다는 한계를 가진다.[122] 다시 말하면, 국가마다 지방형 정치문화와 신민형 정치문화의 존재 양식이 같을 수 없으므로 존재하는 정치문화의 차이에 대한 현상적인 설명을 넘어서 '시민정치 문화'에 도달하지 못하는 '근원적 이유'가 분석되어야 한다는 것이다.

파이는 위와 같은 한계를 보완하기 위해서 정치문화의 개념을 다음과 같이 보다 세부적으로 규정하였다.[123]

첫째, 정치문화는 어떤 사회에서나 정치적 행동으로 규정하고 지배하는 태도, 정서, 인식이 공동체의 적합성을 가지고 상호 강화되는 일관된 형태를 보인다.

둘째, 정치문화는 공동체가 가지는 다양한 정치적 성향에도 불구하고 특정한 집단이 정치 과정에서 부여하는 제한적이고 예측할 수 있는 형상이다.

셋째, 정치문화는 한 개인이 역사적 맥락에서 국민과 공동체의 정치에 대한 지식과 감정을 배우고 통합해가는 매개체이다.

---

[122] 이관열, 박경숙. 2018. "정치 문화 개념의 일고찰: 서구 시민정치문화의 형성과 발전을 중심으로," 사회이론. No.53. pp.74-75.

[123] Lucian Pye. 1965. "Introduction: Political Culture and Political Development," in Political Culture and Political Development, (eds.) Lucian Pye, Sidney Verba ;Princeton, New Jersey: Princeton University Press). p.7.

넷째, 정치문화는 역사적 경험과 연관성을 가지는 사회적 전통, 공공기관의 정신(spirit), 시민의 열정과 집단적 사고, 지도자의 스타일과 운영 코드를 의미한다.

다섯째, 정치문화는 개인에게 효과적인 정치적 행동을 위한 통제 지침을 제공하며 집단에는 제도와 조직의 성과에 일관성을 보장하는 가치(values)의 체계적인 구조와 이성적 사고를 제공한다.

마크리디스는 정치문화에 대한 이해는 문제를 해결하는 체제의 능력, 문제해결 방식, 의사 결정기관의 정당성 및 특정한 동의 범위와 같은 중요한 문제에 대한 예측을 가능하게 하고 통치자의 리더십 유형을 결정한다고 주장하였다.[124] 통치자는 피통치자들이 가지는 정치문화를 기반으로 이들을 상대로 조작, 설득, 강압과 같은 리더십을 선택해서 국가를 운영하기 때문에 정치체제에서 발생하는 문제들은 정치문화를 통해서 예측 가능하다는 것이다.

웰치는 1960년대부터 지속적으로 연구되어 온 정치문화 이론들의 개념을 정리하면서, 정치문화는 정치학뿐만 아니라 사회학과 역사학도 포괄하는 광범위한 분과학문들이 그물처럼 연결되어서 발전하였다고 주장하였다.[125] 그는 정치적 이해관계를 해석하는데 다양한 분과학문으로 연구된 정치문화가 설득력을 제공할 수 있다고

---

124) Roy Macridis. 1961. "Interest Groups in Comparative Analysis," The Journal of Politics Vol.23, No.1. pp.40-43.
125) Stephen Welch. 1993. The Concept of Political Culture (Basingstoke and London: Macmillan; New York: St Martin's Press)

했다.

위에서 살펴본 정치문화 이론들은 실제로 제2차 세계대전 이후 정치체제로서 입지가 불안해진 서구 민주주의를 더욱 안정적으로 발전시키려는 방안으로서 출발했으나 점차 정치학의 범주를 넘어서 다양한 분과학문들과 융합되면서 다양한 정치체제를 가진 특정 국가들의 정치 상황을 이해하고 문제점들을 해석하는 데 크게 기여하고 있다. [126)]

위의 이론들은 우즈베키스탄의 정치문화에 다음과 같은 순서로 적용될 것이다.

첫째, 파이가 제시한 다섯 가지 정치문화 요소들을 우즈베키스탄 피통치자에게 적용하면 해당 국가의 구성원이 가지는 정치문화 요소들을 도출해낼 수 있다.

둘째, 파이의 이론을 통해 나타난 우즈베키스탄 구성원들의 정치문화 요소를 바탕으로 마크리디스의 이론에 적용해서 해당 국가 통치자의 대국민 리더십 유형을 파악할 수 있다.

---

126) 정치문화 바탕으로 비서구 국가의 정치 상황을 분석한 주요 연구는 다음과 같다. Herbert S. Yee, Bo-long Liu, Tak-wing Ngo. 1993. "Macau's Mass Political Culture," Asian Journal of Public Administration. No.15. pp.177-200, Sergiusz Kowalski. 1993. "Poland's new political culture: the relevance of the irrelevant," Economy and Society. No.22. pp.233-242, Khachig Tololyan. 1992. "Terrorism in modern Armenian political culture," Terrorism and Political Violence. No.4. pp.8-22, C. S. Bryan Ho. 2011. "Political Culture, Social Movements, and Governability in Macao" Asian Affairs: An American Review. No.38. pp.59-87, Ebimboere Seiyefa. 2017. "Elite Political Culture—A Link to Political Violence: Evidence from Nigeria," African Security. No.10. pp.103-130, Elísio Macamo. 2016. "Violence and political culture in Mozambique," Social Dynamics A journal of African studies. No.42. pp.85-105.

셋째, 알몬드와 베르바가 분류한 지방형, 신민형, 참여형 정치문화 중에서 우즈베키스탄에 적용되는 것을 찾을 수 있으며, 정치체제와 정치문화의 일치 여부를 분석하는 틀도 적용될 수 있다.

3) 파이의 이론을 통해서 나타나는 우즈베키스탄의 정치문화

앞에서 언급했듯이 우즈베키스탄 국민은 정치권의 비민주적이고 위헌적인 정치 행동과 결정에 대해서 별다른 저항을 하지 않았다. 이것은 정치 무관심으로 이해될 수 있다. 반면에 대선과 국민투표에서는 90% 정도의 투표율과 지지율을 보인다. 이것은 높은 참여정치에 해당한다. 통상적으로 정치에 무관심한 국민은 정치에 참여하는 정도가 매우 낮다. 따라서 우즈베키스탄 국민의 정치태도는 상당히 이해하기 힘들다.

EIU(Economist Intelligence Unit)는 2022년에 우즈베키스탄의 민주주의 지수를 2.12로 평가하였는데 이는 조사대상국 167개국 중에서 149위였으며 권위주의체제(Authoritarian)로 분류되었다.[127]

---

127) "Democracy Index 2022," https://www.protagon.gr/wp-content/uploads/2023/02/Democr acy-Index-2022-final.pdf(검색일: 2024.01.25.) 민주주의 지수는 10점 만점이며, 참고로 북한은 167개국 중에서 165위(1.08)였다. '프리덤 하우스'(Freedom House)는 2021년 우즈베키스탄의 민주주의 지수를 100점 만점에 4점으로 평가하였고, 정치체제를 '공고화된 권위주의'(Consolidated Authoritarian Regime)로 정의하였다. 항목별 지수를 살펴보면, 민주적 거버넌스(Democratic Governance) 1.0, 선거과정(Electoral Process) 1.25, 시민사회(Civil Society) 1.50, 독립 미디어(Independent Media) 1.25, 민주적 로컬 거버넌스(Local Democratic Governance) 1.25, 사법체계와 독립성(Judicial Framework and Independence) 1.25, 부패(Corruption) 1.25 등으로 나타났다. 항목별 만점은 7이다. https://freedomhouse.org/country/uzbekistan/nations-transit/2022(검색일: 2024.01.25.)

이와 같은 사실을 고려하면 우즈베키스탄 국민은 권위주의 정권의 비민주적이고 위헌적인 정치 행동과 결정에 대해서 저항은 하지 않고 오히려 적극적으로 지지하는 정치태도를 보여주고 있다. 이와 같은 우즈베키스탄 국민의 독특한 정치태도는 해당 국가의 정치문화에서 영향을 받았을 것으로 예상된다.

먼저 파이가 제시한 다섯 가지 정치문화 요소들을 우즈베키스탄에서 찾아보면 다음과 같다.

① 외부 세력의 침략과 지배를 지속적으로 받은 역사

파이가 제시한 첫 번째 정치문화 요소인 '어떤 사회에서나 정치적 행동으로 규정하고 지배하는 태도, 정서, 인식이 공동체의 적합성을 가지고 상호 강화되는 일관된 패턴'은 우즈베키스탄에서 외부 세력의 침략과 지배를 지속적으로 받은 역사에서 찾을 수 있다.

우즈베키스탄 지역은 지리적으로 시르다리야(Syrdariya)와 아무다리야(Amudariya)가 동서를 관통하면서 흐르는 강의 중간에 있어서 비옥한 토양을 가지고 있고 일조량도 길어서 농경하는데 적합한 지역으로 알려져 있다. 반면에 우즈베키스탄의 북쪽은 초원지대로 유목만 할 수 있고 남쪽은 반건조사막 기후를 가지고 있어서 농사짓기가 힘들다. 더 나아가서 아랍과 이란 지역도 우즈베키스탄 지역만큼 비옥한 농토를 가지고 있지 않다. 따라서 우즈베키스탄 지역은 천산산맥 서쪽에서부터 아라비아반도까지 사람이 가장 살기 좋은 지리와 기후를 가지고 있다. 이러한 이유로 주변의 강대국들이 끊임없이 이 지역을 침략하고 지배하기를 원했다.

  우즈베키스탄 지역은 타슈켄트, 사마르칸트(Samarkand), 부하라(Bukhara), 히바(Khiva), 테르메즈(Termez)와 같은 실크로드의 동서남북을 연결해주는 중요한 교통요충지를 가지고 있었기 때문에 무역에서는 큰 장점이 있었지만, 전쟁에서는 외부 세력이 이 지역으로 쉽게 침략할 수 있다는 큰 단점이 있었다. 우즈베키스탄 지역에서 BC 10세기경 출현한 중앙아시아 최초의 도시국가인 호레즘(Khorezm), 소그드(Sogd), 박트리아(Bactria)가 BC 535년에 아케메네스(Achaemenid)왕조에게 패망한 이후부터 아래의 그림처럼 1991년 독립할 때까지 이곳은 주변의 강력한 정주 국가들과 유목국가들의 침략과 지배를 지속해서 받아야만 했다.

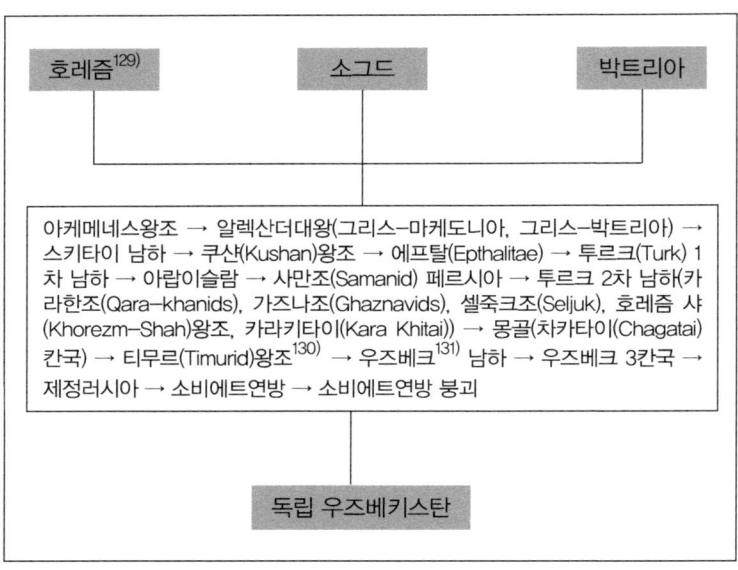

여기서 중요한 점은 지금의 우즈베키스탄에서 살았던 자들이 이 지역으로 침략해 들어와서 지배했던 강대국들을 스스로 몰아내지 못했다는 것이다. 다시 말하면, 이곳을 지배한 국가는 이 지역으로 침략해왔던 다른 외부 세력에 의해서 패망했다는 것이다. 그리고 무엇보다 중요한 점은 소련으로부터의 독립도 스스로 독립운동을 통해서 쟁취하지 않았다는 것이다. 위와 같은 우즈베키스탄의 역사가 지금의 독재체제의 지속가능성에 영향을 준 것은 다음과 같다.

첫째, 지금의 우즈베키스탄 지역에 살았던 자들은 외부의 지배 세력에 대한 강력한 저항이 없었고 스스로 그들을 몰아내지 못했기 때문에 통치자에게 무조건 복종하는 것이 익숙했다. 특히 제정러시아가 침략했을 때 지금의 우즈베키스탄은 우즈베크 3칸국으로 분열되어 있었기 때문에 별다른 저항을 하지 못했다.

둘째, 지금의 우즈베키스탄 통치자와 절대다수의 피통치자들은 자신을 우즈베크 민족이라고 부르고 있는데, 실제로 역사적 관점에서 이들은 전체 우즈베키스탄 역사의 일부분인 근현대사에서만 존재성을 가지고 있으므로 역사를 왜곡하고 있다. 예를 들면, 아미르 티무르(Amir Temur)가 건설한 티무르왕조를 무너뜨린 자들이 지금의 우즈베크 민족의 출발이 되는 우즈베크라고 불린 집단이다. 그런데 우즈베키스탄의 교육 기관에서는 아미르 티무르가 몽골계가 아니고 투르크계라고 가르치고 있다.

우즈베키스탄의 이와 같은 역사를 파이의 이론에 적용시켜보면,

피통치자가 통치자를 두려워하여 이들을 상대로 저항한다는 인식조차 가지지 못하게 하는 것은 '어떤 사회에서나 정치적 행동으로 규정하고 지배하는 태도, 정서, 인식'에 그리고 통치자에게 무조건 복종하는 것이 익숙한 것은 '공동체의 적합성을 가지고 상호 강화되는 일관된 패턴'에 각각 해당된다. 이처럼 외부 세력의 침략과 지배를 지속적으로 받은 우즈베키스탄 지역의 역사는 지금의 독재체제의 지속가능성에 영향을 준 정치문화의 바탕이 되었다.

② 지속된 권위주의적 통치체제

파이가 제시한 두 번째 정치문화 요소인 '특정한 집단이 정치 과정에서 부여하는 제한적이고 예측할 수 있는 형상'은 우즈베키스탄 역사에서 지속된 권위주의적 통치체제에서 찾을 수 있다.

위에서 살펴본 것처럼 지금의 우즈베키스탄에서 나타났던 정치체제는 1991년까지 군주제와 소비에트체제뿐이었다. 사실상 통치자가 사망해야 새로운 통치자가 집권하는 정치구조가 2000년 넘게 지속되었다. 이와 같은 권위주의적 통치체제로 인해서 피통치자들은 통치자의 정치 행위와 결정에 관여할 수 없었고 한 번도 새로운 통치자를 스스로 세워본 적이 없었다. 통치자 역시 피통치자의 의견은 필요하지 않았다.

이웃국가인 카자흐스탄에서는 고르바초프가 1986년에 카자흐인 공산당 서기였던 쿠나예프(Dinmukhamed Kunaev)를 경질하고 러시아인 콜빈(Gennady Kolbin)을 임명하였는데 이후 카자흐인들이 강력하게 저항하여 결국 카자흐인인 나자르바예프가 임명되었다.

우즈베키스탄에서는 역사적으로 피통치자가 왕, 칸, 공산당 서기와 같은 권위주의 통치자들에게 저항하여 자신들이 원하는 통치자를 세워본 경험이 없었다. 이와 같은 역사를 파이의 이론에 적용시켜보면, 지속된 권위주의적 통치체제가 '특정한 집단이 정치 과정에서 부여하는 제한적이고 예측할 수 있는 형상'에 해당된다.

다시 말하면 우즈베키스탄에서는 과거처럼 현재에도 후임자가 전임자를 승계하면 어떻게 통치할 것인지가 예측가능하다는 것이다. 따라서 지속된 권위주의적 통치체제는 지금의 우즈베키스탄에서 독재체제가 지속적으로 유지될 수 있는 정치문화가 되었다.

③ 마할라(Mahalla)

파이가 제시한 세 번째 정치문화 요소인 '한 개인이 역사적 맥락에서 국민과 공동체의 정치에 대한 지식과 감정을 배우고 통합해가는 매개체'가 우즈베키스탄에서는 마할라이다.

마할라의 역사적 형성과 특징이 지금의 우즈베키스탄 독재체제의 지속가능성에 영향을 준 것은 다음과 같다.

첫째, 마할라는 기본적으로 정부의 정치 행위와 결정에 반대하고 저항하는 구조를 가질 수 없다. 사실상 정부의 통제를 받는 오크소콜과 주요 구성원들은 연장자들이 다수이기 때문에 마할라 전체 구성원의 동향을 파악하는 데 어려움이 없다. 그리고 우리나라의 반상회와 같은 '회의'는 주민들을 의견을 정부에 전달하는 기능보다는 반대로 정부의 정책을 선전하고 홍보하는 역할을 더 많이 한다. 특히 대선과 총선 기간에는 오크소콜을 중심으로 집행부가 구성원을 철저하게 감시하기 때문에 반정부 성향의 정치 행위를 하는 것은 실제로 불가능하다.[128]

둘째, 우즈베키스탄의 한 개인은 자신이 살고 있는 곳의 마할라 구성원이 자동으로 되며, 만약에 다른 곳으로 이사를 하면 이전의 마할라에서 자동 탈퇴가 되고 새로운 지역의 구성원이 된다. 따라서 우즈베키스탄 전국 어디를 가더라도 마할라의 감시와 통제를 벗어날 수 없게 된다.

셋째, 앞에서 언급했듯이 마할라 공동체 내에서 연장자들이 별도로 유년 세대를 상대로 전통 및 예절 교육을 하고 있는데 이러한 과정에서 기성세대가 가지고 있는 정치와 통치자에 대한 인식, 행동, 태도 등이 차세대에게 이어진다.

마할라 구성원과 마할라를 파이의 이론에 적용시켜보면, 전자는 '한 개인'에 후자는 '역사적 맥락에서 국민과 공동체의 정치에 대한 지식과 감정을 배우고 통합해가는 매개체'에 각각 해당된다. 역사적으로 지금의 우즈베키스탄 지역에서 마할라는 공동체 구성원을 보호하고 전통과 가치를 보존하는 순기능을 가진 독특한 정치문화로 발전했지만, 독립 이후 이러한 순기능이 구성원을 서로서로 감시

---

[128] "Исход президентских выборов в Узбекистане известен заранее," https://www.dw.com/ru/ishod-prezidentskih-vyborov-v-uzbekistane-izvesten-zaranee/a-3017269(검색일: 2024.01.25.)

하고 통제하는 역기능으로 변질하면서 해당 국가의 독재체제가 지속될 수 있었다.

④ 가부장제(家父長制)

파이가 제시한 네 번째 정치문화 요소인 '역사적 경험과 연관성을 가지는 사회적 전통, 공공기관의 정신, 시민의 열정과 집단적 사고, 지도자의 스타일과 운영코드'는 우즈베키스탄에서 가부장제로 나타난다.

한국민족문화대백과사전에서는 가부장제를 '가장인 남성이 강력한 가장권을 가지고 가족구성원을 통솔하는 가족형태 또는 가족구성원에 대한 가장의 지배를 뒷받침해 주는 사회체계를 일컫는 제도'라고 정의한다.[129] 캠브리지(Cambridge) 사전에서도 가부장제를 '가장 나이 많은 남자가 가족의 지도자가 되는 사회 또는 자신의 이익을 위해 권력을 사용하는 남자에 의해 통제되는 사회'라고 정의하였다.[130]

앞에서 언급했듯이, 우즈베키스탄 지역에는 역사적으로 외부 세력의 끊임없는 침략 그리고 농경문화와 유목문화가 공존하면서 가부장제가 강하게 사회체계로 자리를 잡을 수밖에 없었다. 전자의 경우에는 피통치자들이 외부의 세력으로부터 자신을 지키기 위해

---

129) "가부장제," https://encykorea.aks.ac.kr/Article/E0000200(검색일: 2024.01.25.)

130) https://dictionary.cambridge.org/dictionary/english/patriarchy(검색일: 2024.01.25.) 원문은 다음과 같다. a society in which the oldest male is the leader of the family, or a society controlled by men in which they use their power to their own advantage.

서는 통치자에게 절대적으로 의지해야만 했다. 그리고 후자의 경우에도 피통치자들은 농경과 유목집단의 씨족과 부족 구성원으로서 존재했기 때문에 자신을 보호해 준다는 통치자에게 의존하는 경향이 강했다. 따라서 지금의 우즈베키스탄에서는 역사적으로 씨족장 혹은 부족장의 가부장적 권위가 더욱 높아졌으며, 가족 단위에서도 아버지의 권위는 강하게 나타났다. 소비에트체제는 가부장제로 인해 약화된 여자의 인권과 지위를 교육과 노동 참여로 향상시켜주었으나 가부장제가 가지는 가족 구성에 대한 가장의 지배를 제거할 수는 없었다.[131]

우즈베키스탄의 가부장제 전통이 해당 국가의 독재체제 지속가능성에 미치는 영향은 다음과 같다.

첫째, 우즈베크인은 자신이 속한 집단 구성에 대한 통치자의 지배를 가족 구성에 대한 가장의 지배와 동일하게 인식한다. 혈연으로 맺어진 아버지에 대한 존재감과 그의 권위를 가족 구성원이 인정하고 복종하듯이 최고통치자에 대한 인식과 태도도 동일하게 나타난다. 따라서 가장이 가족에게 피해를 주는 행위와 결정을 하더라도 가족 구성원들이 설령 불만을 가져도 그에게 복종하고 따라가는 것처럼 통치자에게도 동일하게 반응한다.

둘째, 카리모프가 사망하고 미르지요예프가 권력을 승계하고 독

---

[131] "The politicisation of women's position in Soviet and post-Soviet Uzbekistan," https://peernetworkgcrf.org/blog-post/the-politicisation-of-womens-position-in-soviet- and-post-soviet-uzbekistan/(검색일: 2024.01.25.)

재체재를 유지할 수 있는 것은 가족의 관점에서 보면 가장이 사망하고 맏형이 가장이 되는 것과 같다. 카자흐스탄의 경우는 우즈베키스탄과 달랐다. 카자흐스탄에서 나자르바예프가 자진사퇴하고 후임자 토카예프가 대통령이 되었지만, 전자가 상왕정치를 하는 것은 가부장제의 전통에 맞지 않았다. 가족의 관점에서 보면 한 가정에 가장이 두 명 존재하는 것이 된다. 이러한 경우에 가장은 권력다툼을 할 수밖에 없고 결국 가족 구성원 역시 지지하는 세력에 따라 양분된다.[132]

가부장제를 파이의 이론에 적용시켜보면, 우즈베키스탄 지역의 역사에 끊임없이 내려온 가부장제는 '역사적 경험과 연관성을 가지는 사회적 전통'에 피통치자의 가부장에 대한 의존은 '공공기관의 정신, 시민의 열정과 집단적 사고, 지도자의 스타일과 운영코드에 각각 해당된다.

⑤ 씨족 후원(patronage)제도

파이가 제시한 다섯 번째 정치문화 요소인 '개인에게 효과적인 정치적 행동을 위한 통제 지침을 제공하며 집단에게 제도와 조직의 성과에 일관성을 보장하는 가치의 체계적인 구조와 이성적 사고를 제공'하는 것은 우즈베키스탄에서 씨족 후원제도로 나타난다.

중앙아시아의 전통사회는 부족(tribe), 하부부족(sub-tribe), 씨

---

132) 알마티시위가 가부장제 관점에서 일어난 나자르바예프와 토카예프의 충돌이 아니라 단순히 카자흐스탄의 경제문제로부터 시작되었다는 의견도 있다.

족, 하부씨족(sub-clan), 핵가족으로 이루어졌다.[133] 우즈베키스탄 역시 이와 같은 전통사회를 유지해왔다. 이 지역에는 92개의 부족이 존재했는데, 부족의 명칭에 기반을 두고 이를 분류하면 몽골계는 33개 그리고 나머지는 투르크계에 속하는데 우즈베크와 관련성이 높으며 현재는 45개 정도가 남아있다.[134] 특히 우즈베크 3칸국인 히바, 부하라, 코칸드는 우즈베크 집단의 하부부족이 세웠기 때문에 부족의 영향력은 아직도 남아있다.[135] 그리고 이 하부부족의 실세는 씨족으로 다시 하부씨족으로 연결되며 마지막의 핵가족 가장이 최고통치자가 된다.

우즈베키스탄의 특정 씨족이 국가 내부에서 생존하거나 혹은 성장하기 위해서는 중앙아시아의 주변 국가들처럼 후원제도를 통해서 가능하다.[136] 가부장적인 리더십을 가지는 씨족의 최고통치자는 자신의 집단에 속한 구성원을 보호해 준다. 그리고 구성원은 최고통치자의 명령에 복종해야 한다. 이것을 기반으로 씨족의 후원제도가 추진될 수 있다. 최고통치자는 씨족의 미래를 책임질 수 있는 몇

---

133) Shrin Akiner. "Post-Soviet Central Asia: past is prologue," in The New Central Asia and it's Neighbour (eds.) Peter Ferdinand (Royal Institute of International Affairs, London: Pinter Publisher) pp.15-16.

134) Zeki Velid Togan. 1994. "The Origins of the Kazakhs and the Uzbeks" in Central Asia Reader: The Rediscovery of History (eds.) H. B. Paksoy (New York: M. E. Sharpe) p.37.

135) Mehrdad Haghayeghi. 1995. Islam and Politics in Central Asia (New York: St. Martin's Press) p.167.

136) Shrin Akiner. "Post-Soviet Central Asia: past is prologue," in The New Central Asia and it's Neighbour (eds.) Peter Ferdinand (Royal Institute of International Affairs, London: Pinter Publisher) p.18.

명의 전도유망한 청년들을 선발하여 말 그대로 출세할 때까지 씨족 전체를 동원해서 정치적으로 그리고 경제적으로 그들을 후원해 준다. 그리고 이들 중에서 일부 혹은 한 명이라도 만약에 사회적으로 크게 출세하면 자신을 후원한 최고통치자와 씨족 구성원들에게 정치적으로 그리고 경제적으로 보답을 한다. 만약에 특정 씨족이 후원한 구성원이 대통령이 된다면 국가의 이권 대부분이 어디로 갈 것인지가 자명해진다. 이러한 체계가 씨족의 후원제도가 가지는 핵심이다.

이것은 카리모프가 스스로 밝힌 씨족의 개념 규정에서도 찾을 수 있다. 그는 씨족을 봉건사회에 내재된 현상이며, 혈연으로 뭉친 사람들의 공동체이며, 구성원을 보호하고 후원 및 지원을 제공하는 집단이라고 정의하였다.[137]

그러나 카리모프 1997년 씨족이 자신의 구성원만을 위한 지원을 추진한다면 전국적이고 국가적인 사회적 이익, 안정, 보안이 실질적인 위협에 빠질 수 있다고 경고하면서 씨족 중심의 지역주의를 경계하였다.[138] 그런데도 씨족 후원제도는 사라지지 않았다. 카리모프의 경고 이후 사실상 25년이 지난 2022년 1월 26일에 미르지요예프는 국가 행정에서 씨족 중심의 파벌주의를 제거하겠다고 공식적

---

137) Цит. по: Рекк А. Дмитрий. 2020. "Центральной Азии: история и современность," Постсоветский материк 3, No.27. p.100.
138) Islam Karimov. 1997. Uzbekistan on the Threshold of the Twenty-First Century (Tashkent: Uzbekiston Publishing House) pp.86-88.

으로 발표하였다.139) 이것이 씨족 후원제도가 얼마나 우즈베키스탄 정치에 큰 영향을 주고 있는지를 보여주고 있다.

여기서 중요한 점은 카리모프와 미르지요예프가 특정 씨족의 후원제도를 통해서 국가의 최고통치자가 된 자들이다. 주지하는 바와 같이 이들은 '지작(Jizzakh) – 사마르칸트' 연합파벌 출신이다.140) 이들이 국가의 최고통치자로서 집권할 수 있었던 것은 후원제도 때문에 가능했다. 카리모프는 사마르칸트 파벌의 실세였던 주라베코프(Ismail Jurabekov)의 후원을 받았으며, 미르지요예프는 카리모프의 후원으로 중앙 정치 무대에 등장할 수 있었다. 이들은 집권 이후 사마르칸트와 지작에 국가의 이권을 집중적으로 배분하였다.141) 결과적으로 카리모프와 미르지요에프의 씨족 후원제도로 나타난 지역주의에 대한 경고와 경계는 다른 씨족들에게 영향을 줄 수 없다.142)

---

139) "Мирзиёев "клан"чиликка қарши кескин кураш олиб бориш ҳақида гапирди," https://qalampir.uz/news/mirziyeev-klan-chilikka-k-arshi-keskin-kurash-olib-borish-%D2%B3ak-ida-gapirdi-54234(검색일: 2024.01.25.)

140) 일반적으로 사마르칸트 지역파벌이라고 한다.

141) 스탈린 사후 1953년에 흐루시초프가 소비에트사회주의연방공화국의 당비서가 되면서 그는 새로운 인물들을 발탁하여 기존의 정치세력을 제거하려고 했다. 이때 우즈베크소비에트사회주의공화국 지작 출신의 라시도프(Sharaf Rashidov)가 당비서로 임명되었다. 그가 집권하기 이전까지 우즈베크소비에트사회주의공화국의 정치권은 페르가나파벌과 타슈켄트파벌이 경쟁하는 양상이었다. 마찬가지로 양 파벌이 집권하고 난 이후부터 페르가나와 타슈켄트가 발전하기 시작하였다.

142) 미르지요예프 정권에서도 카리모프와 같은 부정부패가 만연하다는 언론보도가 나타나고 있다. "With Backing From Uzbek State, Family Implicated In Smuggling Secretly Funds Transformation Of Tashkent's Skyline," https://www.rferl.org/a/uzbekistan-abdukadyr-corruption-smuggling-bribery-investigation-mirziyoev/32368470.html(검색일: 2024.01.25.) "Co rruption and reform in Uzbekistan: The elephant is still in the room," https://fpc.org.uk /corruption-and-reform-in-uzbekistan-the-elephant-is-still-in-the-room/(검색일:

이와 같은 우즈베키스탄의 씨족 후원제도 전통이 해당 국가의 독재체제 지속가능성에 미치는 영향은 다음과 같다.

첫째, 이 제도는 씨족의 구성원들에게 자신의 집단을 위해서 취해야 하는 효과적인 정치적 행동을 위한 통제 지침이고 집단을 위한 조직의 성과에 일관성을 보장하는 가치 체계를 구축하게 한다. 다시 말하면, 최고통치자와 씨족 전체의 후원을 받은 구성원은 자신이 정치적으로 성공하면 무엇을 어떻게 해야 하는지 기본적인 지침을 알고 있다는 것이다. 이들은 결코 자신이 속한 씨족에 반하는 행위나 결정은 하지 않는다. 만약에 피후원자가 이러한 지침과 가치에서 벗어나는 행동이나 결정을 하면 씨족 전체로부터 무자비한 보복을 받게 된다. 대표적인 사건이 1999년 카리모프를 겨냥한 사마르칸트파벌의 타슈켄트 폭탄테러였다.[143]

둘째, 기본적으로 씨족의 후원을 받은 피후원자가 대통령이 되면 씨족은 그를 통해서 자신이 속한 지역의 장기적인 정치적·경제적 성장을 원하기 때문에 대통령이 지속적으로 집권할 수 있도록 적극적으로 지원하게 된다. 이러한 행태가 독재자를 만들고 그의 임기를 연장시키게 한다.

2024.01.25.)

143) 카리모프는 집권 이후 사마르칸트파벌에 국가의 이권을 배분하였다. 그러나 이러한 과정에서 부정부패로 인해 국가경제가 타격을 받자 이권을 회수하거나 조정하였다. 이후 카리모프의 조치에 불만을 가진 사마르칸트파벌이 1999년 2월 그를 제거하려고 타슈켄트에서 폭탄테러를 자행하였다. 자세한 내용은 다음의 논문 참조. 성동기. 2019. "우즈베키스탄 미르지요예프 정권의 권력 강화 방식 분석: 권위주의 권력 공유(Power-Sharing) 이론을 중심으로," 아시아리뷰. Vol.9, No.1. pp.101-128.

씨족 후원제도를 파이의 이론에 적용시켜보면, 후원자는 '개인에게 효과적인 정치적 행동을 위한 통제 지침을 제공'에 그리고 피후원자의 행동은 '집단에게 제도와 조직의 성과에 일관성을 보장하는 가치의 체계적인 구조와 이성적 사고'에 각각 해당된다.

4) 마크리디스의 이론을 통해서 나타나는 우즈베키스탄의 정치문화 이해

앞에서 살펴본 파이의 이론을 통해서 나타나는 우즈베키스탄의 정치문화를 마크리디스의 이론에 적용하면 다음과 같다.

첫째, 정치문화는 문제를 해결하는 체제의 능력, 문제해결 방식, 의사결정기관의 정당성 및 특정한 동의 범위와 같은 중요한 문제에 대한 예측을 가능하게 한다.

앞에서 살펴본 우즈베키스탄의 독재체제 지속가능성에 영향을 미치는 정치문화인 외부 세력의 침략과 지배를 지속적으로 받은 역사, 지속된 권위주의적 통치체제, 마할라, 가부장제, 씨족 후원제도는 정치적 관점에서 개별적으로 나타난 것이 아니라 유기적으로 연결되어서 만들어진 것이다. 다시 말하면, 씨족 집단의 공간에 다양한 마할라들이 존재하며 그 속에 가부장적 리더십을 가진 실세들이 권위주의 방식으로 통치한다. 그리고 구성원들은 외부 세력의 침략과 지배로부터 자신을 보호하기 위해서 씨족에 의지하고 종속된다.

여기서 중요한 점은 우즈베키스탄의 국가를 운영하는 대통령을 비롯한 행정부, 입법부, 사법부 관료들과 공무원들도 마할라의 구성원이라는 것이다. 따라서 마할라에 포함되는 최소단위의 공식적인 행정구역부터 반대로 마할라가 포함되는 최대단위의 행정구역에서 발생하는 각종 정치, 경제, 사회 문제의 해결방식은 다양하게 나타날 수밖에 없다.

예를 들면, 특정 마할라에 교육부장관이 살고 있다면 교육부문에 나타나는 문제를 개선해달라고 구성원이 '회의'를 통해서 건의하면 국가 전체로 동일한 문제가 신속하게 처리되고 개선될 수 있다. 그러나 만약에 두 개의 마할라 사이에서 발생한 문제라면 해결 시간과 방식은 다양하게 나타난다. 정치권력이 더 높은 구성원이 살고 있는 마할라에게 결정이 더 유리하게 갈 것이라고 단순하게 예상되지만 실제로 그렇지 않다.

문제가 발생하면 두 개의 마할라는 자신이 동원할 수 있는 최고의 권력가를 찾는 것부터 시작한다. 이 경쟁에서 승리하는 마할라가 유리한 결정을 받을 수 있다. 이러한 행태를 씨족 단위로 확대한다면 상황은 더 복잡해진다. 국가의 안위와 관련되는 심각한 문제라면 결국은 대통령이 나서서 문제를 해결할 것이다. 이럴 경우에는 당연히 대통령이 속한 씨족이 유리해질 것이다.

우즈베키스탄 역시 법치국가이기 때문에 사회에서 발생하는 다양한 문제들과 관련된 법과 제도적 장치가 갖춰져 있다. 그러나 문제가 발생하면 법이 정해놓은 공식적인 절차를 통해 해결하기보다는 먼저 마할라 내부에서 이 사건과 문제를 해결해 줄 수 있는 관련 자부터 찾아 나선다. 결국 사안에 따라서 문제가 매우 신속하게 혹은 매우 늦게 해결될 수 있다. 이러한 행태를 우즈베크어로 'tanish bilish'라고 하는데 번역하면 혈연과 지연이 된다.[144] 우즈베키스탄 국민이 이러한 방식으로 문제를 해결하는데 익숙하기 때문에 실세들의 권위는 더 높아지고 구성원의 그들에 대한 의존은 더 깊어져 갈 수밖에 없다.

결국 우즈베키스탄 국민은 법으로서 명시된 체제의 능력과 의사결정기관의 정당성에 대해서 신뢰하지 않는다. 마할라와 씨족의 혈연과 지연을 통해서 법을 넘어서는 방식으로 문제가 해결될 수 있기 때문이다. 이러한 정치문화는 중앙아시아 역사에서 만들어진 '씨족협정'(Clan Pact)과 관련성이 있다.[145] 만약에 특정 씨족이 대통령을 배출하고 정권을 차지하게 되면 후원제도의 특성상 다른 씨족 중심의 지역파벌과 지역은 정치적·경제적 배분에서 불리하게 된다. 그러나 각 씨족의 대표들은 국가 이권 배분 문제나 대통령 선출과 관련된 중요한 사안을 두고 미리 만나서 적절하게 합의한다. 이들은 특정 사안들을 해결할 때 무력을 지양하고 회의를 통한 합의로 결정하는 전통을 가지고 있다. 마찬가지로 개인의 입장에서도

---

144) 한 개인이 관공서에서 여권을 신청하고 발급받는 기간도 혈연과 지연의 유무에 따라서 달라진다. 만약에 없다면 법이 정해놓은 발급기간 동안 기다려야 하지만 있다면 훨씬 빨리 받을 수 있다.

145) Kathleen Collins. 2004. "The Logic of Clan Politics: Evidence from the Central Asian Trajectories," World Politics. Vol.56, No.2. p.228.

혈연과 지연을 통하면 법의 판결보다는 더 유리한 결정을 만들어 낼 수 있다.

둘째, 정치문화는 통치자의 리더십 유형을 결정한다.

앞에서 소개한 파이의 이론에 따라서 나타난 다섯 개의 대표적인 정치문화를 통해서 나타난 통치자의 리더십 유형은 기본적으로 가부장적이다. 그리고 통치자는 이를 바탕으로 조작, 설득, 강압과 같은 방식으로 피통치자를 상대로 세부적인 리더십을 선택한다.

카리모프는 1991년 대선에서 투표율을 조작했다는 대외적인 비난을 받았으며, 1995년 국민투표는 자신의 통치연장이' 국가의 위급한 상황에서 필요하다고 국민을 설득한 성격이 강하며, 2005년 군사력을 동원한 안디잔 사태의 진압은 강압이었다.

미르지요예프 역시 타슈켄트 파벌 출신의 최대 정적이었던 아지모프(Rustam Azimov) 전 경제담당 수석부총리를 제거하기 위해서 은행카드결제시스템과 해외투자 등에 문제를 공개적으로 거론하면서 그를 비난하고 해임했다. 이러한 행위는 조작에 해당한다. 그리고 2023년 국민투표 역시 카리모프와 같은 대국민 설득이었다.

미르지요예프는 2016년 12월 14일에 대통령에 당선된 후 환율단일화와 외환자유화, 경제시스템, 관세제도, 부패부정, 인권 등의 분야에서 대대적인 개혁을 추진하면서 대내외적으로 긍정적인 주목을 받았다. 그러나 집권 후 불과 9개월 만에 IMF와 협의하면서 시장환율을 공식환율에 맞추는 방식의 환율단일화 법령이 공포되었

는데 이것은 그의 강압적인 리더십의 결과라고 볼 수 있다.[146]

이와 같은 우즈베키스탄의 정치문화를 기반으로 통치자는 국가의 중요 사안을 결정하고 추진하는데 가부장적인 권위를 바탕으로 조작, 설득, 강압의 방식으로 해결해왔기 때문에 해당 국가의 정치체제에서 발생하는 문제들은 정치문화를 통해서 예측이 가능할 수 있다.

5) 알몬드와 베르바의 이론을 통해서 나타나는 우즈베키스탄의 정치문화 이해

파이의 이론에 따라서 나타난 다섯 개의 대표적인 우즈베키스탄의 정치문화는 알몬드와 베르바가 분류한 지방형, 신민형, 참여형 정치문화 중에서 지방형과 신민형에 해당된다. 그 이유는 다음과 같다.

첫째, 지방형 정치문화

알몬드와 베르바의 정의에 따르면 지방형 정치문화는 부족사회와 지역공동체에서 나타난다고 했다. 앞에서 언급했던 다섯 가지 우즈베키스탄의 정치문화는 역사적으로 씨족 중심 그리고 마할라 중심으로 형성되었기 때문에 이와 같은 특징을 가진다. 그리고 정

---

146) "Inflation rates in Uzbekistan," https://www.worlddata.info/asia/uzbekistan/inflation-rates.php(검색일: 2024.01.25.) 2015년부터 2022년까지 7년 동안 평균 인플레이션율은 연 14.0%였다. 2022년에는 11.4%로 나타났다. 이러한 수치는 일반적으로 정치적, 경제적 혼란의 신호로 인식된다. 실제로 우즈베키스탄 국민들은 높은 인플레이션으로 인해서 경제적으로 힘들어하고 있다.

치적 역할이 없고 정치체제에 대한 변화를 기대하지 않는 구성원의 성향도 지방형 정치문화에 일치한다. 무엇보다 피통치자는 통치자의 가부장적인 권위에 의존하여 법보다는 혈연과 지연으로 문제를 해결하는데 더 익숙하므로 정치체제의 역할, 현직자, 투입과 산출에 대한 지식과 믿음에 대한 인지보다는 정치체제의 역할, 인사, 성과에 대한 감성적인 성향을 더 가진다.

둘째, 신민형 정치문화

씨족과 마할라의 구성원은 정치적으로 자신이 산출의 대상이고 대상으로서의 자아를 가진다는 성향은 가지고 있지 않다. 다시 말하면, 구성원은 자신이 정당이나 시민단체에 참여하여 정치활동을 하면서 정치변화를 만들어내는 산출의 대상이 아니고 정치는 통치자들이나 하는 것이라고 인식하면서 정치적 대상으로서의 자아를 스스로 무시한다. 따라서 구성원은 정치체제와 수동적인 관계를 유지한다. 구성원이 실제로 정치에 참여할 수 있는 유일한 공간은 비정부 지역공동체인 마할라의 '회의'뿐이다.

알몬드와 베르바는 정치문화가 정치체제의 구조와 일치할 수도 있고 그렇지 않을 수도 있다고 주장하였지만 대체로 지방형과 신민형은 각각 전통적 정치구조와 중앙집권적 권위주의로 나타난다고 했다. 우즈베키스탄 정치문화는 지방형과 신민형을 모두 가지고 있다. 따라서 정치체제의 구조도 공존하고 있다. 이것은 다음과 같은 의미가 있다.

첫째, 우즈베키스탄에는 여러 개의 씨족이 존재하기 때문에 집권한 씨족은 중앙집권적 권위주의체제로 다른 씨족들을 장악하려고 하지만 이들은 여전히 전통적 정치구조를 바탕으로 집권 씨족과 정치적 거래를 추진한다. 다시 말하면, 카리모프가 1999년에 발생한 자신을 겨냥한 폭탄테러 이후 타슈켄트 파벌과 연합해서 권력을 유지하고 강화시킨 사례가 이를 대변해 준다. 이 사건 이전에도 특정 씨족이 권력을 잡았어도 국가 전체를 통치할 힘이 부족하여 다른 부족과 연합했던 사례는 자주 있었다. 이러한 이유로 집권하지 못한 씨족들은 씨족 후원제도와 같은 전통적 정치구조를 유지하고 있어야 한다. 이것은 집권한 씨족에서도 동일하게 나타난다.

둘째, 우즈베키스탄 대통령은 비록 중앙집권적 권위주의체제의 수장이지만 매우 중요한 국가적 사안들은 비공식적 합의체라고 할 수 있는 씨족회의를 개최하여 다른 씨족들과 원만한 합의를 먼저 끌어낸다. 이후 대통령이 공식적으로 국내외에 정부 결정을 발표한다. 이러한 행태는 앞에서 언급한 씨족협정을 기반으로 한다. 따라서 지방형과 신민형 정치문화가 모두 나타나는 우즈베키스탄에서 정치구조는 공식적으로 존재하지 않는 전통적 정치구조와 중앙집권적 권위주의가 공존한다고 볼 수 있다.

6) 우즈베키스탄 정치문화의 변화가능성과 전망[147]

우즈베키스탄 정치문화를 바탕으로 해당 국가의 정치변화 가능성을 전망하면 다음과 같다.

첫째, 우즈베키스탄의 독재체제가 장기화되고 안정적으로 유지될 가능성이 높다.

파이의 이론을 적용하여 나타난 우즈베키스탄의 대표적인 다섯 가지 정치문화들 중에서 비정부 지역공동체인 마할라는 민주주의 관점에서 긍정적이고 부정적인 두 가지 특징을 가진다. 해당 국가의 교육, 사회, 환경, 의료 등 주민의 생활과 밀접한 분야에 정책입안과 정책수행 등은 마할라 구성원의 의견에서 출발한다. 이것은 긍정적인 특징이다. 그러나 지역 관공서의 통제를 받는 마할라는 가부장적인 권위를 가지는 오크소콜을 비롯한 집행부들이 독재체제의 홍보와 선전을 담당하고 있으며 특히 젊은 세대가 기존의 공동체 정치에 대한 지식과 감정을 배워서 통합될 수 있도록 별도의 교육을 한다. 이것은 부정적인 특징이다. 마할라의 이와 같은 이중성은 집권 씨족이 아닌 다른 씨족들에 속하는 마할라 구성원에게도 동일하게 적용된다. 따라서 이러한 전통적인 마할라 정치문화는 대를 이어서 유지될 것이기 때문에 우즈베키스탄의 독재체제가 장기화되고 안정적으로 유지될 가능성이 높다.

---

147) 정치문화 이론을 통해 해당 국가의 정치문화를 찾는 과정에서 이슬람을 종교적으로 제대로 알지 못했기 때문에 본 연구에서는 우즈베키스탄의 정치문화에서 이슬람을 배제시켰다.

둘째, 씨족 중심의 지역파벌 구조는 지속될 것이다.

카리모프와 미르지요예프가 씨족 중심의 파벌주의가 국가운영에 부정적인 영향을 미친다고 강조한 대상은 자신이 속한 씨족뿐만 아니라 다른 씨족들도 해당한다. 위의 통치자들은 씨족의 대표이기에 앞서서 국가의 행정수반이기 때문에 비록 씨족 후원제도 원칙을 지켜야 하지만 그것이 국가의 존립에 영향을 주면 제동을 걸어야 한다. 카리모프는 사마르칸트 파벌에게 그리고 미르지요예프는 모든 씨족에게 공개적으로 경고를 했다. 이것은 씨족들 간에 씨족회의를 통해서 이미 합의한 내용을 준수하라는 의미도 가진다. 전자는 이러한 발언 이후 자신을 향한 테러공격을 당했고 안디잔 사태에서 사마르칸트와 페르가나 파벌의 실세들을 동시에 제거하였다. 아직 후자는 경고 발언 이후 별다른 공격을 당하고 있지는 않지만 카리모프의 사례를 참작하여 대비책을 세웠을 것으로 예상된다. 여기서 중요한 점은 씨족 중심의 파벌주의가 사라지려면 씨족 집단 자체와 후원제도가 완전히 제거되어야만 가능하다는 것이다. 이를 위해서는 집권자 스스로가 자기 씨족을 먼저 해체하고 다른 씨족에게도 똑같이 요구해야 한다. 그러나 이럴 경우에 진정한 반대편에 서는 자들은 통치자보다 구성원이다. 수백 년 넘는 기간 동안 세대를 거쳐 내려온 전통적인 정치문화에 익숙해진 구성원은 정치영역에서 수동적인 존재이다. 그리고 무엇보다 씨족 중심의 지역파벌들이 정치적으로 합의하는 정치문화 때문에 주변의 다른 국가들에 비해서 정치적, 사회적 안정이 잘 유지되어왔고 국가 이권도 합리적으로 씨족들에게 배분되어 왔다. 따라서 구성원에게 씨족의 해체는 이러한 모든 것이 파괴되는 것으로 인식될 수 있다. 또한 씨족의 해체는 씨족협정도 역사 속으로 사라지는 의미를 가지기 때문에 그동안 억눌려 있었던 지역감정이 폭발하여 물리적인 충돌이 발생할 가능성도 있다. 결과적으로 씨족 중심의 지역파벌은 지속될 것으로 예상된다.

셋째, 현 체제의 안정적 유지를 위한 기존의 정치문화 보완이 연구되고 있다.

우즈베키스탄의 정치철학자 레나토브나(Алиева Ренатовна)는 대다수의 인구가 고수하는 가치체계 및 행동규범이 사회를 지배하는 정치문화라고 정의하면서 공동체적 가치관(communitarian values)이 자국의 대표적인 정치문화라고 주장하였다.[148] 그리고 이를 기반으로 나타나는 피통치자의 정치문화는 개인의 자유보다 집단의 정의(justice) 우선, 정치 참여에 대한 무관심, 권력에 순응하는 성향, 국가에 대한 충성심, 외국의 경험에 대한 비판적 인식, 합의 기술의 수용 등이라고 했다. 이러한 요소는 앞에서 파이, 마크리디스, 알몬드와 베르바의 이론을 통해서 도출한 우즈베키스탄의 정치문화 내용과 유사하다. 그런데 레나토브나는 자국의 정치문화가 민주주의 발전을 저해하는 것이 아니라 현대화의 영향을 받아서 변질되면 국

---

148) Алиева Вилоят Ренатовна, "Политическая культура как фактор духовного развития социума(на примере Узбекистана)," 30-33. https://elar.urfu.ru/bitstream/10995/32466/1/klo_2015_04.pdf(검색일: 2024.01.25.).

민의 단결과 사회의 안정적이고 조화로운 발전에 방해가 될 수 있으므로 이를 해결하기 위해서 '영적 발전'(spiritual development)이 필요하다고 주장하였다.[149] 이와 같은 경향은 우즈베키스탄 지식인들을 중심으로 나타나고 있다. 따라서 우즈베키스탄의 독재체제가 장기화되고 안정적으로 유지될 가능성이 높다.

2005년 3월 24일 키르기스스탄의 아카예프(Askar Akayev) 전 대통령이 자국민들에 의해서 하야를 당한 후 같은 해에 우즈베키스탄에서 안디잔 사태가 발생했을 때 카리모프 정권도 영향을 받을 것으로 예상되었다. 그러나 큰 변화는 나타나지 않았다. 2010년 4월 7일에 키르기스스탄에서 2차 민주화가 일어나고 바키예프(Kurmanbek Bakiyev)가 하야를 당했고 이후 12월 18일 튀니지에서 촉발된 '아랍의 봄'(Arab Spring)이 중동과 북아프리카에서 반정부 시위로 확산하였을 때 카리모프 정권이 다시 영향을 받을 것으로 예상되었다. 그러나 역시 큰 변화가 없었다.

2022년 1월 2일에 발생한 카자흐스탄의 반정부 시위로 나자르바예프 전 대통령이 정치에서 완전히 물러났을 때도 미르지요예프 정권은 흔들림이 없었다.[150] 오히려 그는 국민투표를 통해 자신의 임기를 2040년까지 연장했다. 따라서 외부에서 일어난 반정부 성향

---

149) Ibid. 37
150) 2022년 7월 1일에 우즈베키스탄의 자치공화국인 카라칼팍스탄(Karakalpakstan)에서 미르지요예프 정부가 카라칼팍스탄의 자치권을 박탈하겠다는 내용이 헌법 개정안에 포함된 것에 대해 불만을 가진 카라칼팍인의 반정부 시위가 일어났다. 미르지요예프 정부는 시위를 무력으로 진압하였다.

의 민주화가 우즈베키스탄 정치에 영향을 줄 수 없었던 것은 해당 국가의 정치문화가 통치자와 체제를 오히려 보호했기 때문이라고 판단할 수 있다.

우즈베키스탄 국민의 정치적 무관심과 이에 반하는 높은 투표율과 지지율을 설명할 수 있는 원인도 역시 해당 국가의 정치문화에서 찾을 수 있다. 특히 마할라가 이러한 정치태도의 중심에 있다. 구성원이 평소에는 정부의 정치 행동과 결정에 대해서 무관심하다가 선거기간에 높은 투표율과 지지율을 보이는 것은 주민을 통제하고 감시하는 마할라 제도를 의식하기 때문이다. 오크소콜을 비롯한 집행부 역시 해당 지역을 관할하는 정부 기관의 통제와 감시 때문에 구성원과 같은 처지에 있게 된다. 따라서 이러한 체제가 유지된다면 우즈베키스탄의 독재체제는 안정적으로 지속될 가능성이 높다고 판단된다.

2. 이슬람 문화

1) 우즈베키스탄 이슬람의 역사와 성향에 관한 분석

중앙아시아로 이슬람을 전도한 집단은 일반적으로 아랍의 침략으로 인해 시작되었다고 알려져 있다. 그러나 당시에 중앙아시아 집단은 조로아스터교를 믿고 있었기 때문에 아랍의 전도행위는 단순한 무력행사로 끝나고 말았다.[151] 따라서 본격적인 중앙아시아의 이슬람 전도는 당시 이 지역을 지배하고 있었던 페르시아계 사만조에 의해서 이루어졌다. 일반적으로 종교의 전파가 상부계층의 정치적 의도로부터 출발하여 하부계층으로 내려가는 것과 달리 이 지역에서는 상부와 하부계층이 동시에 믿음을 가지기 시작하였다. 이후 중앙아시아에는 다른 종교가 아닌 이슬람만이 존재하게 되었으며 그 전통이 지금까지 전해져 오고 있다. 그러나 소비에트체제를 겪는 과정에서 중앙아시아의 이슬람은 중동의 이슬람과는 다른 형태로 진화하였다.

---

151) 우즈베키스탄 민중사 I. 1997. (타슈켄트: 동방)

중앙아시아의 이슬람 역사를 제대로 파악하기 위해서는 이 지역의 역사적 특수성을 고려해야 한다. 아랍은 당시에 중앙아시아에서 세력을 가지고 있었던 소그드와 1차 남하한 투르크 집단이 세력을 장악한 상황에서 이 지역을 무력으로 침략했기 때문에 이 과정에서 이슬람 전도는 순조롭게 진행되지 못했다. 이 지역의 대표적인 원주민이었던 소그드인들은 당시 조로아스터교를 믿고 있었기 때문에 아랍의 이슬람 전도에 대해 반감을 가지고 저항하였다. 그 결과 소그드의 민족과 문화는 아랍에 의해 거의 말살당하고 말았다.

반면에 투르크 집단들은 탈레스전투를 통해 아랍의 지원을 받게 되면서 서서히 이슬람화 과정을 밟게 되었지만 상부계층을 중심으로 한정적으로 개종하였다. 사만조가 아랍세력을 몰아내고 중앙아시아를 차지하게 되면서 이슬람의 전도는 본격적으로 시작되었다. 이후 2차 투르크집단의 남하와 국가 건설이 전개되면서 사만조는 통치수단으로서 이슬람을 적극적으로 도입하였다.

이후 몽골의 침략과 지배, 티무르왕조의 무수한 정복전쟁, 그리고 우즈베크족과 카자흐족의 남하와 분열로 나타난 연속된 불안정한 정세는 이 지역의 주민들이 종교의 본질을 찾게 하는 수피즘을 선호하게 만들었다. 특히 낙쉬반디(Sheikh Bahautdin Nakshbandi, 1318-1389) 등을 통한 수피즘의 확산은 중앙아시아 이슬람이 수니와 시아와는 다른 특징을 형성하는데 바탕이 되었다.

또 다른 중앙아시아 이슬람의 특징을 대변하는 것은 제정러시아의 중앙아시아 침략과 지배에 대해 자강운동의 일환으로 나타났던 '자디드운동'(Jadid Movement)이다. 이것은 제국주의를 극복하기 위한 이슬람개혁운동으로 서양의 우수한 기술을 받아들여 부국강병을 이루고자 하는 비폭력운동이었다. 이후 소비에트체제에 들어서면서 본격적인 종교탄압이 진행되었으며, 이 기간 동안 이슬람에 대한 무슬림들의 의식이 중동의 무슬림들과 다른 진화된 과정을 겪게 되었다.[152]

중앙아시아 이슬람의 역사가 가지는 특징은 다음과 같이 정리할 수 있다.

첫째, 아랍의 중앙아시아 침략이후 이 지역은 과거와 동일하게 끊임없는 동시대 강대국들의 침략과 지배과정을 거쳐야 했다. 따라서 이 지역의 지배세력이 빈번하게 교체되고 사회적 불안이 지속됨으로 인해 이슬람의 한 축을 담당하는 정치적 성향보다는 종교 본질을 찾고자 하는 수피즘 성향이 강하게 확산되었다.

둘째, 중앙아시아의 이슬람 비폭력저항운동인 자디드운동은 정치적인 경향보다는 자강적인 의미를 통해 제국주의를 극복하고자 했기 때문에 현재 중앙아시아 이슬람의 비폭력적인 성향에 영향을 주었다.

---

[152] 중앙아시아 이슬람의 전파에 대해서는 다음의 논문들 참조. 이희수. 2000. "중앙아시아 이슬람화 연구: 투르크족을 중심으로," 민족학연구. Vol.4. pp.259-279. 우덕찬. 2000. "중앙아시아 국가들의 대(對)이슬람 정책에 관한 연구," 중앙아시아연구. Vol.5. pp.158-173. 이문영. 2003. "중앙아시아의 종교 상황과 종교 정책: 러시아 지배 유산의 극복과 이슬람의 발전," 국제지역연구. Vol.7, No.1. pp. 143-170.

셋째, 중앙아시아에는 유목문화가 존재하고 있었기 때문에 비록 대다수의 유목민들이 이슬람으로 개종하였다고는 하지만 이들의 종교 생활에는 여전히 민간신앙이 영향을 미치고 있다.

넷째, 무엇보다 소비에트의 이슬람 탄압과 소비에트 교육의 강화는 80여년이라는 기간 동안 중앙아시아 무슬림들의 의식을 변화시켰다. 이러한 현상은 현재 지도층의 대부분이 구공산당 출신이며 이들이 시행하는 자국의 이슬람 정책을 살펴보면 알 수 있다.

돕슨(Dobson)이 1992년 8월부터 1993년 3월까지 실시한 설문조사의 결과를 살펴보면, 중앙아시아 주민들의 이슬람에 대한 의식 구조를 알 수 있다.[153] 설문조사의 분석에 따르면, 응답자 중 카자흐스탄 27%, 키르기스스탄 14%, 우즈베키스탄 43%가 이슬람을 믿지 않는다고 했다. 카자흐스탄 30%, 키르기스스탄 24%, 우즈베키스탄 32%가 이슬람이 과거에 했던 것만큼 큰 역할을 하지 못할 것이라고 대답했다. 그리고 이슬람을 믿는다고 대답한 사람들 중에서 단지 20%가 한 달에 한번 내지 그 이상 모스크에 간다고 했으며, 46%가 일 년에 한번 또는 그 이하로 간다고 대답했다. 결론적으로 이슬람을 믿지 않는 자와 일 년에 한번 또는 그 이하로 모스크에 간다고 대답한 사람들의 비율이 한 달에 한번 내지 그 이상 모스크에 간다고 대답한 사람들에 비해 3배나 많았다(Dobson 1994). 결론적

---

153) Richard Dobson. 1994. "Islam in Central Asia: Findings from National. Surveys," Central Asian Monitor. Vol.17, No.2. pp.17-22.

으로 현재의 중앙아시아 이슬람이 가지는 행태는 위와 같은 역사적 과정을 거치면서 중동의 이슬람과는 다른 모습으로 재창조되었다고 할 수 있다.

소비에트연방이 붕괴되고 중앙아시아에서 이슬람이 부활할 것으로 예상하였지만, 소비에트 세대들이 권력을 승계하고 같은 소비에트세대의 주민들이 이들을 지지하면서 중동과 같은 이슬람 성향은 이 지역에 발생하지 못했다. 실제로 중앙아시아 신생국의 초기 통치자들은 자국에 이슬람이 부활하는 것을 원천적으로 봉쇄하지 않고 당근과 채찍이라는 이중정책을 통해 통제하였다.[154]

소비에트 체제하에서 방치되었던 이슬람 유적의 복원과 새로운 신학교 및 사원을 건립하여 이슬람을 자유롭게 믿으려는 무슬림들에게 종교활동의 공간을 제공한 반면에 이슬람이 정치 세력화하는 것은 철저하게 탄압하였다. 게다가 일부 지역에서 세력을 만들어갔던 중앙아시아의 극단적 이슬람을 표방하는 단체와 추종세력은 실질적으로 9.11테러와 대탈레반 전쟁을 기점으로 세력이 약화되었다.[155] 그러나 여전히 중앙아시아의 통치자들은 이슬람 세력의 반정부적 저항 가능성을 염두에 두고 있다. 자국의 경제가 발전하지 못하고 부정부패가 지속적으로 만연하는 이유 등으로 인해 생활이 어려워진다면

---

154) 구체적인 내용은 다음의 논문 참조. 우덕찬. 2000. "중앙아시아 국가들의 대(對)이슬람 정책에 관한 연구," 중앙아시아연구. Vol.5. pp.287-288.
155) 주로 우즈베키스탄 페르가나를 중심으로 활동한 이슬람원리주의 단체는 이슬람재생당, 아돌라트, 헤즈볼라 등이다. 이들 대부분은 대탈레반 전쟁 이후로 활동이 중단된 상황이다.

주민들이 이슬람을 대안으로 생각할 수 도 있다는 것이다.

  2005년 5월에 우즈베키스탄에서 발생한 안디잔사태가 이러한 가능성을 보여주었다. 낙후된 지역 경제를 개선시켜달라는 안디잔 시민들의 시위를 해당국 정부가 무자비하게 무력으로 진압하였는데, 그 이유는 이슬람 세력이 이들을 선동했기 때문이었다. 현재 우즈베키스탄에서 이슬람이 정치세력으로 발전할 가능성은 거의 없다. 이러한 결과는 우즈베키스탄 정부의 정치적 탄압도 큰 부분을 차지하지만 무엇보다 중요한 것은 역사적으로 형성된 이 지역의 이슬람이 세속적이기 때문이다.

2) 독립세대의 이슬람에 대한 태도 분석: 설문조사를 중심으로

  우즈베키스탄의 미래에 변수로 작용할 가능성이 높은 독립세대가 소비에트 기성세대와 어떻게 시대적 인식의 차이를 가지는지를 이해하기 위해 이들의 이슬람에 대한 태도에 대한 분석을 통해 정치의식을 조명하고자 한다.

  주지하는 바와 같이, 이슬람은 해당국 국민의 대다수가 믿는 종교이며, 소비에트 기성세대는 이슬람을 통한 종교활동이 금기시된 시기에 살았던 반면에 독립세대는 자유롭게 이슬람을 믿을 수 있는 시기에 성장할 수 있었다. 따라서 후자가 전자와 비교했을 때 이슬람에 대해서 어떠한 태도를 가지고 있는지 그리고 이를 바탕으로 이들의 정치의식이 어떠한지를 분석한다면, 미래에 해당국의 정치·사회가 어떻게 변화될지 예측될 수 있을 것이다.

우즈베키스탄 독립세대의 이슬람에 대한 태도를 분석하기 위해서 이들을 대상으로 다음과 같은 방식으로 설문조사를 실시하였다.

첫째, 설문조사 대상 지역. 설문조사를 실시하기 위해 해당국의 수도인 타슈켄트(Tashkent), 동부지방의 안디잔(Andijan), 중서부지방의 나보이(Navoiy)를 선택하였다. 타슈켄트는 우즈베크인과 기타 소수민족들이 각각 절반씩 인구를 차지하고 있으며, 특히 외국과의 접촉이 가장 많이 이루어지는 해당국의 정치, 경제 중심지이기 때문에 이 지역의 독립세대가 가지는 이슬람에 대한 태도는 개방적일 것이라고 판단해서 선택하였다. 안디잔은 주지하는 바와 같이 2005년 안디잔사태가 발생한 반정부 성향이 강한 곳이다. 따라서 이 지역의 독립세대가 이슬람을 어떻게 생각하는지 살펴보는 것은 상당한 의미가 있을 것이다. 마지막으로 나보이는 이슬람 성향이 위 두 도시의 중간 정도로 나타난다고 판단하여 선택되었다.

둘째, 설문대상자는 위의 세 도시에서 각각 100명씩 다른 성향을 가지는 독립세대로 선발하였다. 타슈켄트에서는 20-23세에 해당하는 우즈베크 대학생을, 안디잔에서는 20-23세에 해당하는 공장 노동자들을, 그리고 나보이에서는 안디잔과 마찬가지로 20-23세에 해당하는 공장 노동자들을 선택하였다.[156] 이들을 선택한 이유는

---

156) 타슈켄트에서의 설문조사는 2012년 7월 18일부터 7월 24일에 걸쳐 실시하였으며, 안디잔과 나보이는 해당 지역에 진출한 한국 기업인 '(주)우즈-동양'과 '(주)NK' 우즈베키스탄 공장의 지원을 받아서 2012년 8월 10일부터 31일에 걸쳐 실행하였다.

지야예바(2006)가 독립세대를 성향별로 구분한 것을 바탕으로, 이들 중에서 가장 많은 수를 차지하는 농촌 출신의 독립세대(안디잔과 나보이)와 그 다음을 차지하는 교외 지역 출신의 독립세대(타슈켄트)가 실제로 독립세대의 이슬람에 대한 태도를 대변한다고 판단했기 때문이다. 이러한 선택은 또한 도시와 지방, 그리고 지방간의 비교분석이 가능하다는 이점도 가지고 있다.

셋째, 설문지 문항. 설문지 문항은 돕슨이 1992년 8월부터 1993년 3월까지 중앙아시아 신생국을 상대로 실시했던 설문조사의 질문들을 바탕으로 구성하였다. 이 시기에 실시한 설문조사의 응답자들은 지금의 독립세대와는 거리가 먼 소비에트세대였다. 따라서 그가 실시한 설문조사 시기로부터 20년이 지난 현재에 이들과 다른 세대인 독립세대에게 동일한 질문을 한다면, 이슬람의 태도에 대한 시간과 세대 간의 차이점을 발견할 수 있을 것이다. 설문조사의 결과는 다음과 같이 나타났다.

질문 1) 당신은 스스로를 무슬림이라고 생각합니까?

	타슈켄트	안디잔	나보이
그렇다	82%	95%	93%
그렇지 않다	18%	5%	7%

주지하는 바와 같이 우즈베키스탄 인구의 80% 이상을 차지하는

우즈베크인이 믿는 종교는 이슬람이며, 해당국 전체의 이슬람 인구는 88%로 추정한다.[157] 이는 우즈베크인과 해당국에 거주하는 중앙아시아 민족들을 포함한 치수이다. 질문 1에 대한 응답을 분석하면 다음과 같다.

첫째, 타슈켄트에 거주하는 우즈베크인 대학생들 중에서 자신을 무슬림이 아니라고 답한 비율이 18%로 나타났다. 이렇게 응답한 대학생들은 자신의 여권에는 민족을 우즈베크라고 표기하지만 실제로 우즈베크인 아버지와 이슬람을 믿지 않는 어머니 사이에 출생한 2세들이 대부분이다. 그리고 이들 부모의 대부분은 소비에트체제에서 엘리트 그룹에 속했으며, 종교가 없었다.

둘째, 반면에 안디잔과 나보이는 각각 95%, 93%로 자신이 무슬림이라고 주장하였다. 무슬림이 아니라고 답한 자들의 성향은 타슈켄트의 경우와 유사하다. 따라서 러시아인을 비롯한 다양한 소수민족들이 공존하는 타슈켄트에서 성장하고 소비에트시기에 엘리트였던 부모를 둔 우즈베크인 독립세대는 자신을 무슬림이라고 인식하지 않았다.

이러한 결과는 돕슨의 설문조사 결과와 상당한 차이를 보인다. 그가 실시한 설문조사에서 질문 1에 대한 응답 중에서 우즈베크인 43%가 무슬림이 아니라고 했다. 당시에는 '소비에트화' 과정을 거친 주민들을 상대로 실시했기 때문에 이러한 응답이 나왔지만, 지금

---

157) http://caf.kiep.go.kr/caf/contents/m122100/view.do(검색일: 2024.01.25.)

의 독립세대는 소비에트체제를 경험하지 못하고 믿음의 자유가 있는 시기에 성장했기 때문에 훨씬 더 높은 비율을 보여주었다. 그리고 우즈베키스탄이 독립한 지 20년이 지난 기간 동안에 소비에트세대가 이슬람을 다시 믿게 되면서 이 영향이 자신들의 자녀들인 독립세대에게 영향을 주었을 것으로 예상된다.

질문 1에서는 자신을 무슬림이라고 인식했을 때, 응답자들은 무슬림의 기준이 무엇인지 명확히 제시하지 않았다. 응답자들이 질문 1을 읽거나 들었을 때 본능적으로 자신이 무슬림인지 아닌지 답한 것이다. 따라서 자신을 무슬림이라고 규정할 수 있는 기준이 되는 예배의례의 수행, 라마단, 하지 등과 같은 가장 기본적인 의무규정을 아래와 같이 우즈베크인 독립세대에게 제시하였다.

질문 2) 당신은 하루에 다섯 번 예배를 드립니까?

	타슈켄트	안디잔	나보이
그렇다	26%	35%	30%
그렇지 않다	74%	65%	70%

질문 2는 무슬림이면 반드시 행동으로 실천해야 하는 '믿음의 기둥' 5가지 항목에 들어가는 규정이다.[158] 질문 1에서 자신을 무슬림이라고 응답한 비율과 달리, 무슬림이면 반드시 실천해야 하는 의무규정인 하루 다섯 번 예배를 드린다고 답한 비율은 타슈켄트, 안디잔, 나보이 각각 26%, 35%, 30%에 불과하였다. 자신을 무슬림이라

---

158) 이슬람에서 규정하는 믿음의 기둥(혹은 신앙의 기둥, 의무규정)은 첫째, 신앙의 증언, 둘째,

고 정의한 독립세대의 2/3가 예배의례 수행 규정을 따르지 않고 있다. 여기서도 마찬가지로 타슈켄트에 거주하는 우즈베크인 대학생들이 다른 두 도시의 독립세대 노동자보다 지키지 않는 수치가 더 높았다. 실제로 우즈베키스탄 대부분의 도시에 거주하는 주민들 대다수가 아랍과는 달리 하루 다섯 번 시간에 맞추어 예배를 드리는 경우를 찾기란 힘들다. 따라서 질문 2에 나타난 예배를 지킨다는 수치 역시 과장된 부분이 있다고 판단된다.

질문 3) 당신은 금요일 집단예배에 가십니까?

	타슈켄트	안디잔	나보이
그렇다	37%	45%	42%
그렇지 않다	63%	55%	58%

질문 3은 믿음의 기둥에 포함되는 예배의례의 수행 중에서 금요일 집단예배의 참가 여부를 묻는 내용이다. 여기서도 마찬가지로 질문 1에서 자신을 무슬림이라고 정의한 비율과 높은 차이를 보인다. 현실적으로 하루 다섯 번 예배를 드린다는 것은 상당히 지키기 힘든 엄한 규정이다. 따라서 이것을 제대로 이행하지 못한다면 금요일 12시에 시작하는 집단예배는 참가하는 것이 무슬림으로서 최소한의 의무규정을 준수하는 것이라고 할 수 있다. 그러나 세 도시의 독립세대가 금요일 예배에 참가하지 않다고 답한 비율이 50%를

예배의례의 수행, 셋째, 종교적 납부금, 넷째, 라마단, 다섯째, 하지(메카 순례)와 같이 5개로 구성되어 있다.

상회한다. 비록 질문 1과 비교할 때 참가하지 않는 수치가 낮게 나타나지만, 여기서도 우즈베크인 독립세대의 예배의례 수행 준수는 무슬림으로서 의무를 다 하지 않는 태도이다. 질문 3을 분석해보면, 타슈켄트의 우즈베크인 대학생들이 다른 두 도시보다 참여하는 정도가 낮게 나타났다. 안디잔과 나보이의 독립세대가 공장에서 근무하기 때문에 금요일 집단예배에 참가하기가 힘들다는 점을 고려한다면, 타슈켄트 응답자들이 자신을 무슬림으로 규정하는데 의문을 가지게 한다.

질문 4) 한 달에 보통 몇 번 사원에 가십니까?

	타슈켄트	안디잔	나보이
전혀 가지 않는다	45%	25%	33%
1-2회	30%	30%	35%
3-4회	6%	15%	12%
5회-10회	4%	12%	5%
10회 이상	15%	18%	15%

질문 4는 질문 2와 3을 보다 세부적으로 분석하기 위해서 의도적으로 제시한 질문이다. 만약에 자신을 무슬림이라고 규정한다면, 최소한 금요일 집단예배에는 참가해야 한다. 그렇다면 한 달에 최소 4번은 사원을 방문해야 한다. 그러나 설문 4의 응답을 살펴보면 예상 밖에 결과를 알 수 있게 한다. 3 – 4에 간다고 응답한 비율은 세 도시 각각 6%, 15%, 12%에 거친다. 한 달에 사원에 전혀 가지 않는다고 응답한 자들이 세 도시 각각 45%, 25%, 33%로 나타났다. 반면

에 10회 이상 간다는 비율은 각각 15%, 18%, 15%였다. 여기서도 마찬가지로 타슈켄트의 우즈베크인 대학생들 전혀 가지 않다고 답한 비율이 다른 두 도시보다 높았다. 그러나 주목할 부분은 10회 이상 사원에 간다고 응답한 경우는 세 도시가 비슷하게 나왔다. 이것은 자신을 무슬림이라고 규정하려는 독실한 신자가 직업의 종류와 세 도시의 특징적 여부를 떠나서 공통적으로 비슷한 수준임을 알 수 있게 한다.

여기서도 돕슨의 설문조사 결과와 비교할 수 있는 부분이 나타난다. 당시에 질문 4의 응답에 대해서 20%가 한 달에 한번 내지 그 이상 모스크에 간다고 했다. 역으로 설명하면, 80%가 한 달에 전혀 사원을 가지 않았다고 답했음을 의미한다. 이러한 차이점은 다음과 같은 이유에 기인한다.

첫째, 질문 1과 마찬가지로 소비에트화 과정을 거친 세대이기 때문에 이러한 답변이 나왔다. 둘째, 예배를 하려고 해도 마땅히 갈 곳이 없었다. 소비에트체제에서 이슬람 사원은 거의 대부분 창고로 사용되거나 방치되어 있었기 때문에 이를 원래 기능으로 회복시키는데 시간이 필요했다. 따라서 돕슨이 설문조사를 실시한 당시에 우즈베키스탄에는 예배를 드릴 수 있는 변변한 사원이 별로 없었던 것이다.

질문 5) 일 년에 보통 몇 번 사원에 가십니까?

	타슈켄트	안디잔	나보이
전혀 가지 않는다	29%	22%	23%
1-2회	16%	18%	16%
3-4회	12%	14%	15%
5회-10회	12%	14%	13%
10회 이상	31%	32%	33%

질문 5는 우즈베키스탄 독립세대의 이슬람에 대한 태도를 확실하게 느끼게 만드는 질문이다. 먼저 일 년에 사원을 전혀 방문하지 않는다는 응답이 세 도시 각각 29%, 22%, 23%로 나타났다. 큰 차이는 없지만 여기서도 타슈켄트의 비율이 높게 나타났다. 반면에 일 년에 10회 이상 방문한다는 응답은 세 도시 각각 31%, 32%, 33%로 거의 유사하게 나타났다. 이 수치는 설문 4에서 한 달에 1-2회 사원에 간다는 비율과 비교하면 어느 정도 이해가 되는 부분이다. 결론적으로 설문조사에 응답하였던 세 도시의 우즈베크인 독립세대는 최소한 한 달에 한 번 정도 사원을 방문하는 것으로 평가할 수 있다.

여기서도 돕슨의 결과와 비교할 수 있는 대목이 나타난다. 질문 5에 대한 당시의 응답은 46%가 일 년에 1회 또는 그 이하로 사원에 간다고 했다. 역으로 말하자면, 54%가 일 년에 한 번도 사원을 가지 않았다는 것이다. 독립세대는 이 비율의 절반보다 낮게 사원에 전혀 가지 않는다고 응답했다. 이러한 차이점의 원인 역시 설문 4에서 분석한 내용과 동일하다고 판단된다.

질문 6) 라마단을 준수합니까?

	타슈켄트	안디잔	나보이
그렇다	97%	98%	97%
그렇지 않다	3%	2%	3%

 주지하는 바와 같이 라마단은 해가 떠 있는 시간에 한 달 동안 금식을 하는 이슬람의 믿음의 기둥에 포함되는 규정이다. 앞의 설문조사에서 세 도시의 우즈벡인 독립세대는 예배의례의 수행이라는 믿음의 기둥을 제대로 지키지 않았다. 반면에 라마단에 대해서는 97%이상이 준수한다고 응답하였다. 실제로 라마단 기간에 우즈베키스탄을 방문하면 질문 6의 비율이 사실이라는 것을 느낄 수 있다. 비록 소비에트 엘리트 출신들은 이를 제대로 지키지 않지만, 우즈베키스탄의 무슬림은 세대를 불문하고 라마단을 철저하게 지키려고 노력한다.[159] 이것은 자신이 무슬림이라고 응답한 자들이 거의 대부분 라마단을 지킨다는 결과로 연결된다. 질문 2, 3, 4, 5의 비율을 참고하면, 해당국의 우즈벡인 독립세대가 라마단을 준수한다는 응답도 위와 유사하게 나와야 할 것이다. 그러나 결과는 완전히 다르게 나타났다. 이러한 차이점은 다음과 같이 분석할 수 있다.

 첫째, 라마단이 경제 활동에 영향을 주지 않는다. 예배의례의 수행은 실제로 경제 활동에 영향을 미친다. 이를 지키지 않는 이유를 독립세대에게 직접 질문했을 때 대부분이 경제 활동을 하는데 지장을 주기 때문이라고 했다. 바쁘게 살아야 하기 때문에 하루에 다섯 번 그리

---

[159] 우즈베키스탄에서 라마단 기간에 금식은 하지만 흡연은 하는 독립세대가 많다.

고 금요일 집단예배에 의무적으로 참여하는 것은 힘들다는 것이다.

둘째, 예배의례 수행으로부터 자유로운 의식을 가지는 독립세대의 태도. 안디잔과 나보이에서 설문조사를 하는데 지원을 했던 (주)우즈-동양과 (주)NK의 작업장에는 예배실이 없다고 했다.[160] 그리고 만약에 우즈베크인 직원들 중에서 금요일 집단예배에 가기를 원하는 자가 있으면 위 기업들이 허락은 해 준다고 했다. 한국인 관리자의 증언에 따르면, 우즈베크인 직원들이 예배의례 수행을 위해서 예배실을 제공해 달라고 사측에 요구한 적도 없었고, 실제로 금요일 집단예배에 가는 이들의 수도 극히 적다고 했다. 따라서 위에서 살펴본 것처럼, 우즈베크인 독립세대는 예배의례 수행에 대해서는 자유로운 의식을 가지고 있다.

결론적으로 우즈베크 독립세대는 자신들이 라마단을 철저하게 준수하는 것으로 스스로를 무슬림이라고 규정하는 것으로 이해할 수 있다.

질문 7) 하지를 위해서 메카를 가야한다고 생각하십니까?

	타슈켄트	안디잔	나보이
반드시 가야만 한다	43%	55%	52%
상황이 허락하면 간다	52%	43%	46%
대체로 가고 싶지 않다	1%	1%	1%
필요성을 못 느낀다	4%	1%	1%

---

160) 위 기업의 담당자는 안디잔에 존재하는 모든 한국계 기업과 공장에는 예배실이 없다고 증언했다.

모든 무슬림은 경제적, 신체적 여건이 허락하면 메카를 방문해야 한다는 하지 역시 믿음의 기둥에 포함된다. 주지하는 바와 같이, 소비에트 체제하에서 중앙아시아의 무슬림들이 사우디아라비아의 메카를 방문하는 것은 현실적으로 불가능하였다. 이러한 환경에서 중앙아시아의 최고 종교 도시인 우즈베키스탄의 부하라가 메카를 대신하는 성지순례지로 인식되었다.

우즈베키스탄이 독립한 후 해당국의 무슬림은 자유롭게 메카를 방문할 수 있는 여건을 가지게 되었다. 그러나 해당국 정부는 자국의 안보문제를 고려하여서 순례자의 수를 제한하였다. 전 세계 무슬림이 한 자리에 모이는 메카를 자국의 무슬림들이 방문하는 과정에서 이슬람원리주의와 같은 테러단체들로부터 영향을 받을 수 있다는 점과 반정부 의식을 배울 수 있다는 점을 고려하여 이러한 조치를 취하였다.[161] 실제로 우즈베키스탄 정부는 메카를 방문하고자 하는 자국의 무슬림들에게 방문 쿼터제를 매년 시행하고 있으며, 연령도 45세 이상으로 제한하고 있다.[162]

위의 응답을 분석해보면, 3곳의 도시에 거주하는 우즈베크 독립세대는 전반적으로 하지를 준수하겠다는 의지를 강하게 밝히고

---

161) http://www.nbr.org/Downloads/pdfs/PSA/Uzk_Conf06_Ilkhamov.pdf(검색일: 2024.01.25.)

162) 우즈베키스탄 정부는 매년 5,000명 정도로 순례자 쿼터제를 수행하고 있으며, 이들은 국가가 지정한 전세기만을 이용해서 단체로 이동해야 한다. 해당국 정부의 성지순례 정책에 대한 자세한 내용은 다음의 사이트 참조. http://ncadc.org.uk/coi/2012/04/uzbekistan-continuing-freedom-of-mo vement-bans/(검색일: 2024.01.25.), http://www.forum18.org/Archive.php?article_id=1064(검색일: 2024.01.25.)

있다. 이러한 결과는 설문6의 라마단과 유사하게 나타난다. 예배의례 수행보다는 하지를 통해서 무슬림의 의무를 하겠다는 것이다.

여기서 주목해야 하는 것은 상황이 허락되면 성지순례를 하겠다는 응답이 세 도시 각각 52%, 43%, 46%로 나타난 점이다. 앞에서 언급한 것처럼, 메카를 방문하기 위해서는 우선적으로 경제적 여건이 요구된다. 아무래도 타슈켄트가 다른 도시들보다는 경제상황이 나은 편이기 때문에 그리고 응답자들의 생활수준이 높기 때문에 비록 약간의 차이는 있지만 타슈켄트가 높게 나타나는 것으로 이해된다.

질문 8) 이슬람이 과거와 같이 사회에 영향을 줄 것으로 생각하십니까?

	타슈켄트	안디잔	나보이
한다	24%	36%	30%
안한다	58%	52%	55%
잘 모르겠다	18%	12%	15%

질문 8은 돕슨의 질문과 일치하는 것이다. 그의 분석에 따르면, 우즈베키스탄의 응답자 32%가 이슬람이 과거에 했던 것만큼 큰 역할을 하지 못할 것이라고 대답했다. 이 당시는 소비에트체제에서 성장한 자들을 대상으로 했고, 이슬람을 통제하려는 해당국 정부의 의지가 나타난 시점이었음에도 불구하고 응답자의 32%만이

부정적인 답변을 하였다고 사료된다. 그러나 20년이 지난 현재 세 도시 독립세대의 50% 이상이 이슬람이 과거와 같이 사회에 영향을 주지 않을 것이라고 답하였다. 이는 돕슨의 설문조사와 비교하면 2배가 증가한 것이다.

우즈베키스탄의 독립초기에 현 대통령인 이슬람 카리모프가 당시에 이슬람 지도자들의 도전을 극복하고 권좌를 차지하였기 때문에 비록 헌법상에 종교의 자유를 보장한다는 명문을 가지고 있었지만 점차적으로 자신의 정권을 유지하기 위해서 이슬람 세력을 강력하게 탄압하였다.[163] 그리고 아프가니스탄에서 탈레반의 세력이 확장되고 IMU(우즈베키스탄 이슬람 운동)와 같은 이슬람 테러 단체가 위협을 가하면서 해당국의 종교자유는 형식적으로는 보장이 되었지만 실제로는 다양한 형태로 통제를 가하였다.[164] 이러한 분위로 인해 독립세대는 종교자유를 보장받은 세대지만 이들의 절반 이상이 이슬람이 사회에 영향을 미치는 정도가 약할 것이라고

---

163) 우즈베키스탄 헌법 31조에 "종교의 자유보장(Guaranteeing freedom of religion)"에 관한 규정이 있다. 그러나 해당국 정부가 자국의 무슬림들을 대상으로 종교의 자유를 제한하는 정당성은 "해당국의 권리와 이해가 헌법의 모든 내용에 우선한다는" 동 헌법 16조에 나타난다.(http://www.uib.no/ jais/v002ht/02-110-150Simpson1.htm(검색일: 2024.01.25.)). 헌법 16조는 다음과 같다. "None of the provisions of the present Constitution shall be interpreted in a way detrimental to the rights and interests of the Republic of Uzbekistan. None of the laws or normative legal acts shall run counter to the norms and principles established by the Constitution."(http://www.gov.uz/en/constitution/#s266(검색일: 2024.01.25.))

164) 우즈베키스탄 정부의 이슬람 정책에 대한 구체적인 내용은 다음의 논문 참조. 현승수. 2012. "적대적 공존: 우즈베키스탄의 정교(政敎) 관계와 이슬람해방당," 한국이슬람학회 논총. Vol.20. No. 3. pp.155-184.

인식하고 있는 것이다.

3. 우즈베키스탄의 일상 문화

1) 계(契)

우즈베크어로 계를 '갚'(gap)이라고 한다.

주지하는 바와 같이 계는 자본주의 시장경제의 은행과 같은 금융기관이 안정적으로 정착되기 이전까지 우리나라뿐만 아니라 전 세계적으로도 활성화되었던 오랜 역사를 가지는 비공식적 민간 금융제도였다. 계의 종류는 상호부조, 금융, 친목 등으로 나눌 수 있다.

독립 이후 우즈베키스탄의 일반 서민들은 개인 소득이 높지 않았고 자국의 은행과 금융을 신뢰하지 않았기 때문에 목돈을 만들기 위해서는 계가 필요하였다.[165]

우즈베키스탄의 계는 다음과 같은 특징을 가지고 있다.

첫째, 오랜 역사가 있다.

우즈베키스탄 지역에서 계가 언제부터 시작되었는지에 관한 정

---

[165] 우즈베키스탄의 일반 서민은 은행의 여신상품 이자가 20%가 되어도 은행에 저축하지 않는다. 이유는 은행의 안정성을 믿지 못하는 것과 자신이 정부의 감시를 받을 수도 있다는 두려움 때문이다.

확한 역사적 기록은 없다. 그러나 8세기에 이슬람이 중앙아시아로 확산되기 이전부터 이미 계는 존재했다고 보고 있다.[166]

둘째, 계의 목적에 따라 곗돈이 정해지고 계원 수도 정해진다.

일반적으로 자녀의 결혼 비용을 준비하는 데 많은 돈이 필요하다. 따라서 결혼 비용을 마련하기 위한 계는 곗돈의 금액도 많고 계원의 수도 많아질 수밖에 없다.

셋째, 금융 목적의 계는 남성만 한다.

우즈베키스탄에서는 전통적으로 현금을 남성만 관리하기 때문에 목돈을 만들기 위한 계는 여자에게 허용되지 않는다. 계주는 '조라보시'(jo'ra boshi)라고 한다.

넷째, 매월 곗날이 열린다.

계원들은 매월 소정의 현금을 적립해서 자기 순번에 목돈을 한 번에 받는다. 따라서 곗날은 매달 곗돈을 받는 날에 정해진다.

다섯째, 계 모임의 장소는 원칙적으로 자유롭다.

곗날은 곗돈을 받는 계원의 집에서 하든 식당에서 하든 자유롭게 장소를 정할 수 있다. 경제적으로 어느 정도 여유가 있는 계원으로 구성된 계는 '초이호나'(choyxona)라고 하는 남성 전용 식당에서 개최된다.[167] 그러나 일반적으로 곗날은 곗돈을 받는 계원의 집에서 열린다.

---

166) https://www.in-formality.com/wiki/index.php?title=Gap_(Uzbekistan)(검색일: 2024.01.25.)
167) 초이호나에서 초이는 차(tea)이고 호나는 방(room)를 의미한다. 그러나 전통적인 초이호나는 남성만을 상대로 저녁식사와 음주를 제공하는 식당을 의미한다.

2) 음식문화

지금의 우즈베키스탄은 과거 실크로드의 십자로와 중간기착지로서 기능을 담당했던 지역이기 때문에 역사적으로 동서양의 우수한 문물과 문화가 이곳을 통해 이동했다. 그리고 이 지역 자체가 중앙아시아에서 유일하게 오아시스 농경문화를 발전시킨 곳이기 때문에 외부의 이민족들과 국가들은 현재의 우즈베키스탄을 차지하고 싶어했다.

실제로 이곳은 중앙아시아와 인접해 있는 고대 페르시아의 아케메니드(Achaemenids) 왕조를 시작으로 그리스의 알렉산더 대왕, 아랍, 투르크(Turk)계 민족들, 몽골, 러시아 등의 침략과 지배를 받아야만 했다. 이들은 자신이 가지고 있던 문화를 이곳에 이식시키면서 통치하였는데, 이러한 식민지 유산들이 지금의 우즈베키스탄 문화 형성에 큰 영향을 주었다. 대표적인 것이 페르시아의 신년인 나브루즈(Navruz), 아랍의 이슬람, 소비에트체제의 유산 등이다. 따라서 우즈베키스탄이 자랑하고 있는 대부분의 전통음식들은 실제로 이곳을 지배한 국가들의 영향을 받아서 지금에 이르고 있는 것이다. 특히 우즈베키스탄은 이슬람 문화권이기 때문에 각종 음식에 돼지고기를 사용하지 않는다는 원칙이 지켜지고 있다.

우즈베키스탄을 상징하는 첫 번째 음식은 논(Non)이다.

우즈베키스탄을 대표하는 빵인 논은 고대 메소포타미아 문명의 길가메쉬(Gilgamesh) 서사시에도 등장하기 때문에 이곳의 전통음식

논

이라고 규정하기는 힘들다. 논은 밀가루, 물, 효모 등을 섞어서 원 모양으로 반죽하여 전통적으로 탄두르(Tadoor)라는 화덕에서 구워 낸다. 첫 번째 논을 화덕에 넣기 전에 반드시 이슬람 의식을 진행한 다. 우즈베키스탄의 경우에는 각 지방마다 논을 만드는 방식이 조금씩 차이를 보이기 때문에 일반적으로 논 앞에 지방의 이름이 붙는다. 특히 우즈베키스탄의 대표적인 역사 도시인 사마르칸트에서 만든 논인 '사마르칸트 논'이 전국에서 가장 맛있다고 평가받고 있다.

논은 그 역사만큼이나 다양한 풍습을 가지고 있다.

첫 번째, 남자가 여자의 부모로부터 결혼 승낙을 받으러 갈 때 반드시 논을 가져간다. 남자로부터 여자의 부모가 논을 받고 난 후, 미래의 사위가 마음에 들면 논을 찢어서 나누어 먹고, 그렇지 않으면 논을 그대로 돌려준다. 그를 자신의 가족으로 받아주겠다는 표시로 논을 찢는 것이다.

둘째, 가족이나 친척 중에서 누군가가 장기간 다른 도시나 외국으로 떠날 때, 논을 한 조각 베어 물게 한 후 남은 논을 집의 그늘진 곳에 그 사람이 돌아올 때까지 보관한다.

셋째, 논을 식사시간에 먹을 때 찢는데, 이때 논의 위 부분이 반드시 하늘을 향하도록 놓는다. 만약에 논의 아래 부분이 눈을 향하게 되면 같이 식사하는 사람들 사이에 관계가 나빠진다고 우즈베크 사람들은 믿는다.

한국 사람들이 식사할 때 항상 김치를 찾는 것처럼 우즈베크 사람들 역시 논 없이는 식사를 하지 않는다.

우즈베키스탄을 상징하는 두 번째 음식은 오시(Osh)이다.

이 음식의 기원은 일반적으로 페르시아에서 찾지만 그리스 알렉산더 대왕도 즐겨 먹었다는 기록이 전해져 올만큼 그리스, 아랍, 이란, 인도 등에서 보편화된 음식이다.

오시 역시 지역마다 만드는 방법에서 차이를 가진다.

오시는 일반적으로 양의 비계, 양고기, 노란 당근, 마늘, 고추, 쌀 등을 재료로 사용한다. 먼저 '코잔'(Kozan)이라는 우리의 가마솥은 같은 냄비를 달구고 양의 비곗덩어리를 넣어서 녹인다. 비계는 기름을 배출하고 거의 사라지는데, 이 기름에 양고기, 채 썬 노란 당근

오시

을 넣고 볶다가 물에 불려둔 쌀을 넣고 다음으로 물을 재료가 담길 만큼 부어준다. 마지막으로 쯔라(Tsyra)라는 향신료를 뿌리고 솥뚜껑을 닫는다. 끓는 기름에다가 물에 불린 쌀을 넣어 끓인다고 해서 일명 '기름밥'이라고도 불린다.

우즈베키스탄의 오시가 유명한 이유는 이 지역의 비옥한 오아시스 토양에서 자란 싱싱한 농산물을 사용하기 때문이다. 우즈베키스탄에서도 각 지방에 따라서 오시 만드는 방법에 조금씩 차이가 나타나는데, 논과 마찬가지로 오시 앞에도 각 지방의 지명을 붙여서 사용한다.

오시도 우즈베키스탄의 전통적인 풍습이 나타난다.

첫째, 반갑고 귀한 손님이 우즈베크 사람의 집을 방문하면 주인은 가급적 오시를 만들어서 대접하는데, 이때 오시는 반드시 남자가 요리한다.

둘째, 집안에 생일, 할례, 결혼과 같은 잔치가 있으며, 당일 새벽에 남자들만을 식당이나 집으로 초대하여 오시를 대접한다. 오시는 먹는 사람의 수에 따라서 코잔의 크기를 달리하고 이에 맞추어 재료를 준비하면 되기 때문에 한 번에 몇 천명을 먹일 수도 있다. 보통 잔칫날 새벽에 남자들만 초대할 경우에는 몇 백 명 분을 만들어야 하기 때문에, 오시 전문 요리사가 전날 밤부터 재료를 준비하고 밤새도록 오시를 끓여서 새벽에 맞추어 대접한다.

셋째, 오시는 전통적으로 한 접시에 4인용으로 담아서 대접하며, 먹는 사람들은 숟가락보다는 손으로 먹는다.

넷째, 우즈베키스탄에서는 평상시에도 오시를 먹지만 특히 일주일 중에서 목요일 점심은 '오시 먹는 날'로 정해져 있다. 집에서 오시를 만들어서 부부가 먹고 난 후 그 날밤에는 부부관계를 가진다고 한다.

우즈베크어로 식당은 oshxona인데, osh와 xona(방)이 합쳐져서 만들어진 단어이다. 그만큼 osh는 우즈베키스탄을 대표하는 음식이다.

우즈베키스탄을 상징하는 세 번째 음식은 라그만(lagman)이다.

라그만

논과 오시가 아랍과 이란에서 유래한 음식이라고 한다면, 라그만은 중국에서 그 기원을 찾는다. 라그만은 우리가 잘 아는 짬뽕과 비슷한 음식이다. 밀가루로 면을 뽑아서 고기 국물에 말아서 먹는 음식이다.

우즈베키스탄의 라그만은 크게 고기 국물에 말아먹는 것과 기름에 볶아서 먹는 두 가지가 있다. 전자는 면을 뽑아서 양고기, 각종 야채, 고춧가루 등을 넣어서 끓인 국물에 말아 먹는 것이고, 후자는 일명 중국의 위구르인이 즐겨먹는 방식이라고 해서 위구르식이라고 불린다. 일반적으로 우즈베키스탄에서는 전자를 즐겨 먹는다. 라그만은 먹을 때 식초를 몇 방울 떨어뜨려 먹어야 하는데, 그 이유는 국물에 기름을 희석시키기 위해서이다.

우즈베크 사람들은 우리와 달리 고기 국물을 우려낼 때 기름을 제거하지 않는다. 그리고 찢어 놓은 논으로 라그만 국물을 찍어 먹기도 한다.

우즈베키스탄에서도 차를 즐겨 마신다.

손님에게 차를 접대하는 방식이 독특하다. 한 모금이면 다 마실 정도로 찻잔에 차를 아주 조금만 따라준다. 그 이유는 귀한 손님이 차를 조금씩 자주 마시면서 오랫동안 머물다가 가기를 우즈베크 사람들이 원하기 때문이다. 반대로 만약에 찻잔에 차를 가득 따라주면 반가운 손님이 아니라는 의미이다.

차

3) 결혼문화

우즈베크어로 결혼은 '토이'(to'y)라고 한다.

토이는 투르크어에서 유래되는데 역사적으로 몽골제국과 치가타이칸국의 부족회의를 의미하는 '쿠릴타이'(quriltai)와도 관련성을 가진다고 학자들은 주장하고 있다. 14세기에 중앙아시아를 여행한 이븐 바투타(Ibn Batuta)는 토이는 징기스칸의 후손, 에미르, 군 지휘관들이 참석하는 연례 모임이라고 서술하였다. 토이는 고대부터 공동체, 귀족, 잔치 등과 연관된 관습이라고 정의할 수 있다.[168]

우즈베키스탄의 결혼은 농경과 유목사회의 가부장제, 이슬람, 소비에트체제의 유산 등이 혼합된 형태로 나타난다.

전통의 우즈베키스탄 결혼은 다음과 같은 순서로 진행된다.

첫째, 중매결혼

남자의 부모가 미래의 신부를 찾아서 마음에 드는 여자가 있으면 중매인(Sovchi)을 통해 상대방 부모에게 결혼 의사를 전달한다. 전문적인 중매인이 남자의 집에 여자를 소개하기도 한다. 우즈베키스탄의 전통에 따르면 여동생은 오빠가 결혼할 때까지 그리고 남동생은 누나가 결혼할 때까지 결혼하지 못한다.

둘째, 약혼

중매인으로부터 남자 집안의 의사를 전달받은 여자 집안은 남자

---

168) Xadicha Saydullayeva, Akrom Ochilov. 2021. O'zbekistonda To'y An'analari Tarixi va Buguni. Academic Research in Educational Sciences. Vol.2, Issue.3. pp.1236-1241.

를 초대하여 만난다. 이때 남자는 전통 빵인 논(non)을 들고 가야만 한다. 남자는 논을 여자의 부모에게 준다. 여자의 부모는 방문한 남자가 마음에 들면 논을 손으로 쪼개어서 나누어 먹으면서 결혼을 승낙한다.[169] 이것은 내 가족으로 남자를 받아들인다는 의미를 가진다. 이 의식 이후 양가는 약혼식을 준비한다. 만약에 남자가 마음에 들지 않으면 여자 부모가 남자에게 논을 다시 돌려준다.

셋째, 약혼식

양가 부모는 친척과 친구들을 저녁 식사에 초대하여 약혼식(파티하 토이(fatixa to'y))을 개최하고 결혼식 날짜를 구체적으로 정한다. 보통 매월 7일, 17일, 27일이 결혼하기 좋은 날로 간주된다.

넷째, 결혼식

결혼식 당일 비용은 모두 신랑이 부담한다. 결혼식 아침에 신랑은 가족, 친척, 지인 중에서 남자들만 집이나 식당으로 초청하여 오시(osh)를 대접한다.[170] 이 행사가 끝나면 신랑은 가까운 친구들과 함께 신부를 데리러 간다. 신랑과 신부는 이슬람사원에 가서 '니코흐'(Nikoh) 의식을 지낸다. 니코흐는 아랍어로 샤리아(Shariah)에 기초한 공식적인 결혼을 의미한다. 이슬람 사제인 '물라'(Mullah)가 신랑과 신부의 결혼을 종교적으로 승인하고 축하한다. 이후 법적으로 혼인신고를 하러 지역 관청에 방문하고 서명한다. 종교적으로

---

169) 우즈베크어로 '논 선더러시'(non sindirish)라고 한다.
170) 아침에 오시를 얼마나 많은 사람이 먹으러 오느냐에 따라 신랑 집안의 부와 권력을 알 수 있다. 일반적인 집안은 100명 정도이지만 사회지도층 집안은 1,000명 이상 오기도 한다.

결혼식날 아침 오시를 대접하는 장면

결혼식 장면

결혼식 피로연 장면

법적으로 혼인신고가 끝나면 신랑과 신부는 명소를 찾아서 기념사진을 찍는다. 저녁이 되면 결혼피로연 장소에 가서 양가 부모, 가족, 친척, 지인들과 뜻깊은 시간을 보낸다.

우즈베키스탄은 조혼문화가 있다.[171]

우즈베키스탄 여자의 경우 17세, 남성의 경우 18세에 결혼한다. 우즈베키스탄 학자들의 분석에 따르면 조혼이 나타난 이유는 제정 러시아의 식민 지배와 관련이 있다고 한다. 우즈베크 부모들은 러시아 군인들이 자기 어린 딸을 강간하는 것을 두려워하여 딸들을 일찍 결혼시켰다는 것이 조혼의 출발이라고 주장하였다. 소비에트

---

171) https://factsanddetails.com/central-asia/Uzbekistan/sub8_3d/entry-4705.html(검색일: 2024.01.25.)

시기에 교육을 통해 일부 여자가 20대 초중반에 결혼을 하기도 했지만 대부분은 10대 후반에 결혼했다. 독립 이후에도 이러한 경향은 변하지 않았다. 도시의 여자들은 교육의 혜택을 받고 자기실현을 위한 준비를 하지만 시골의 여자들은 교육보다는 결혼을 한다.

우즈베키스탄에서는 여자가 25세 이전에 결혼하는 것을 당연한 것으로 알고 있다. 따라서 대학교에 재학 중인 대부분의 여학생들이 학업 중에 결혼하고 출산한다. 25세가 넘도록 결혼을 못하는 여자가 있으면 주변 사람들이 이 여자에게 무엇인가 문제가 있다고 생각한다.

4) 할례

우즈베크어로 할례는 '하트나 컬러시'(xatna qilish)라고 한다.[172] 우즈베키스탄 이슬람 가정은 남자아기에게 할례를 행한다. 꾸란에는 할례에 관한 내용이 없다. 그러나 무함마드의 언행을 기록한 '하디스'(Hadith)에는 할례가 언급되어 있다.[173] 무함마드는 남자아기가 태어난 후 7일 만에 할례를 행할 것을 권했다.

우즈베키스탄에서는 전통적으로 3세, 5세, 7세, 9세가 된 그리고 늦어도 11세와 12세가 된 소년에게 할례를 행한다. 이 의식은 남자아기가 출생한 직후부터 바로 준비가 시작된다.

---

172) '수나트 컬러시'(sunat qilish)라고도 한다.
173) 꾸란과 하디스 어디에도 여자아이의 할례에 관한 내용은 없다.

할례는 다음과 같이 진행된다.[174]

첫째, 할례는 남자아이의 가족에게만 국한되는 의식이 아니다.

할례는 남자아이의 부모와 가족 그리고 친척뿐만 아니라 마할라 전체 구성원의 행사로 간주된다. 친척과 이웃은 할례 당일 이전부터 베게, 담요 등을 남자아이 집에 선물한다. 할례 당일 아침에 남자아이의 집안은 친척과 마할라 구성원 중에서 남자만을 초대하여 오시를 대접한다.

둘째, 할례 전에 꾸란을 낭독한다.

할례 당일에 남자아이는 금박이 박힌 모자와 옷을 입고 부모와 함께 손님들을 맞이한다. 이때 춤과 노래를 부르면서 흥을 돋운다. 친척과 마할라의 주민들이 모두 참석하면 남자아이는 눕혀지고 이슬람사원에서 온 물라가 코란을 낭독한다. 마할라의 여자들은 별도의 방에 둘러앉아서 건포도 꼭지를 따고 꾸란을 낭독한다.

셋째, 할례를 실행한다.

할례를 시작하는 순간 남자아이는 극도의 공포를 느껴 비명을 지르고 운다. 할례를 많이 실행한 노인이 한 손으로 빨래집게처럼 생긴 대나무 두 개로 남자아이 성기의 포피를 당겨서 음경과 잘라낼 부분의 포피를 고정시키고 날카로운 면도칼을 잡은 다른 손으로 한 번에 포피를 잘라버린다.

---

[174] https://uzbek-travel.com/about-uzbekistan/traditions/khatna-kilish/(검색일: 2024.01.25.)

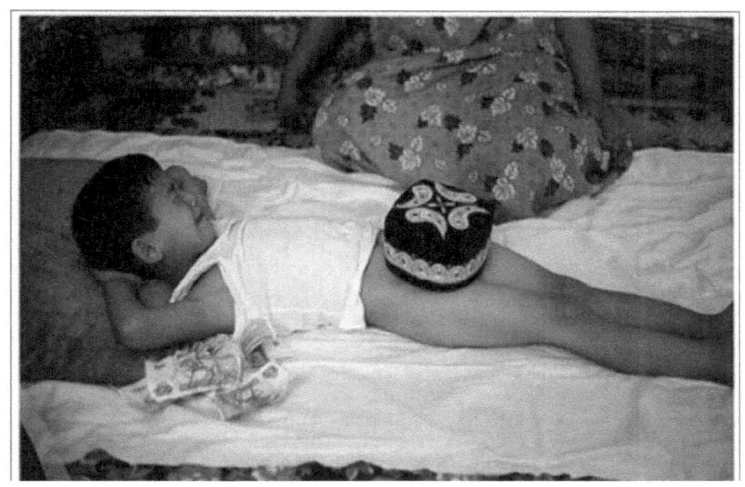

할례를 하는 아이

넷째, 할례 축하연을 연다.

할례를 받은 남자아이는 진정한 남자로 태어났다고 참가자들로부터 축하와 각종 선물을 받는다. 남자아이의 엄마는 아들의 잘려진 피가 묻은 포피를 말려서 잘 보관하고 있다가 그가 결혼할 때 신혼 방의 매트리스에 꿰매어서 넣는다. 할례가 끝나면 모든 참가자들은 준비한 음식과 술로 축하연을 연다.

5) 장례문화

우즈베크어로 장례는 '자노자'(Janoza)라고 한다.

우즈베크인은 사람이 죽으면 육신은 썩어 흙이 되고 영혼은 하늘을 향해 날아가서 종종 비둘기와 나비같은 다른 생명체의 형태로 돌아온다고 믿는다.[175] 우즈베키스탄의 동부에 있는 나망간(Namangan) 지방에서는 사람이 죽으면 생명은 검은색, 검은 연기 또는 증기와 유사한 형태로 인체를 떠난다고 생각한다.

우즈베크인은 아픈 사람의 마지막 순간에 집에서 거울과 사진을 제거한다. 그리고 사람이 곧 죽을 것 같다고 생각되면 집에 있는 음식을 용기에 넣어 노출되지 않게 한다. 시체가 음식물에 영향을 미치면 이 음식을 먹는 다른 사람이 죽을 수 있다고 생각한다. 이러한 관행은 죽음의 천사 '아즈라엘'(Azrael, Malak ul-Maut)이 사람들을 학살한다는 대중적인 믿음에 바탕을 두고 있다.

죽어가는 사람이 말을 할 수 없게 되어 임종이 다가오면 두 명의 가까운 친척이 그 사람의 머리를 '키블라'(qibla) 방향으로 옮긴다.[176] 그리고 그 사람의 양쪽 머리나 가슴 부근에 앉아서 '신앙의 선언'(Kalima Shahadah)를 낭송한다.[177] 임산부와 어린이는 데리고 나간다. 두 사람 중 연장자 한 명이 면봉으로 임종을 맞는 사람의 입에 물을 떨어뜨린다.

우즈베키스탄의 장례는 다음과 같이 진행된다.

첫째, 1일장

---

175) Hüseyin Baydemir. 2009. ÖZBEKİSTAN'DA ÖLÜM ÂDETLERİ. Turkish Studies. International Periodical For the Languages, Literature and History of Turkish or Turkic. Vol.4, No.8. pp.662-683.
176) 키블라는 메카 방향을 의미한다.
177) "알라 외에 다른 신은 없고 무함마드는 그분의 사도이다."

우즈베키스탄의 전통 장례식은 1일장이 원칙이다. 오전에 사망하면 그 날 오후에 매장을 하고 오후에나 저녁에 사망하면 다음 날 오전에 매장한다. 이슬람이 1일장을 하는 것은 아랍지역이 더워서 시신이 부패하지 않도록 신속히 매장해야 하는 이유와 고인을 알라신에게 빨리 보내기 위한 이유 때문이라고 한다. 우즈베키스탄에서는 3일장을 하는 가정이 늘어나고 있다. 과거와 달리 멀리 떨어져 사는 가족과 친척 그리고 지인들이 많기 때문이다.

둘째, 염습(殮襲)

사망 판정을 받으면 염습이 시작된다. 장의사인 '가솔'(g'assol)이 이 역할을 한다. 가솔은 시신의 위에서부터 아래까지 3-5회 정도 살균제와 비누로 씻어낸다. 그리고 흰 천으로 남자는 3회, 여자는 5회 감싸고 사용하지 않은 이불로 다시 싸고 머리 아래에 베개를 거꾸로 엎어 놓는다.[178]

둘째, 입관(入棺)과 출가

시신을 관에 넣고 난 후 가족과 친척 중에서 남자 성인만이 관을 어깨에 메고 집을 나서 장지로 출발한다. 집을 나서기 전에 이 집에서 또 다른 죽음을 막기 위해 관의 머리 부분을 집 문지방에 세 번 건드리고 나간다. 관을 집 밖으로 꺼낸 후에 관을 땅에 놓고 다시 들어 올리기를 3회 반복한다. 이 관행 역시 죽은 사람이 같은 집에

---

[178] 가솔은 대를 이어 물려받는다. 원칙적으로 도시가 아닌 외곽에 살면서 고립된 생활을 하는데 일부 지역에서는 일반인과 교류를 하기도 한다.

장례식 장면

서 다시 나오지 않기를 위한 것이다. 고인의 아내가 임신한 경우에는 아내가 관에 손을 대고 고인의 혈통이 이어지게 됨을 알린다. 아기가 태어나면 이름을 '야드가'(Yadgar)라고 짓는다.

셋째, 매장

조문객 중에서 남자들만 매장지로 향하는 장례 행렬에 참여할 수 있다. 이들은 교대로 관을 메고 매장지까지 간다.[179] 길가에 낯선 사람들은 고인의 명복을 빌기 위해 최소한 7걸음을 따라간다. 매장지에 도착하면 미리 파둔 무덤에 관을 내린다. 무덤은 주로 고인의 친척이 파는데, '무덤 일곱 개를 파면 죄가 커도 용서를 받는다'는 믿

---

179) https://web.frazerconsultants.com/2018/10/cultural-spotlight-uzbek-funeral-traditions/ (검색일: 2024.01.25.)

음이 있다. 관을 매장하기 전에 꾸란을 낭독한다.

넷째, 애도 기간[180]

장례 이후 7일, 20일, 40일, 52일, 목요일, 금요일에 가족과 친지들이 모여 고인을 추모한다. 사망 1주년이 되면 조문객들을 초대하여 오시를 대접한다.

---

180) Narmurodova Gulnoza Ilhom qizi. 2022. O'zbek Madaniyatida Ta'ziya Marosimlarining Hududiy Jihatdan Farqlanishi va O'ziga Xos Xsusiyatlari. Vol.2, Issue.20. pp.733-739.

에필로그

미국의 한 재벌이 갑자기 몸이 좋지 않아서 병원에 갔다. 의사는 급히 수술이 필요하다고 했다. 그런데 재벌의 혈액형은 매우 희귀했다. 비축해 들었던 예비분도 모두 떨어진 상태였다. 급하게 전 세계에 재벌과 같은 혈액형을 가진 사람을 찾았다. 다행히 우즈베키스탄에 한 명이 있었다.

재벌은 우즈베크인에게 많은 돈을 주겠다고 약속하고 그를 미국으로 데리고 왔다. 병원에서 수술이 준비되고 있는데 갑자기 우즈베크인이 재벌에게 이렇게 요구했다.

"먼저 입금부터 해 주세요"

재벌은 나는 돈이 많은 사람이고 계약서도 작성했으니 수술 끝나고 입금하겠다고 답했다. 우즈베크인은 다음과 같이 말했다.

"내 피가 당신 몸에 들어가면 당신을 믿을 수 없어요. 그러니 입금부터 먼저 해 주세요!"

역사적으로 우즈베키스탄이라는 지역은 중앙아시아, 이란, 아랍등 이슬람 지역에서 가장 비옥한 토양을 가지고 있었기 때문에 무수히 많은 외세의 침략과 지배를 받았다. 그리고 실크로드의 교차로와 중간기착지로서 기능했기 때문에 유라시아 대륙에 존재하는 다양한 사람들을 만날 수밖에 없었다. 따라서 이 지역에서 태어난 자들은 다른 어떤 지역보다 자기 자신을 지키기 위해서 무엇을 어떻게 해야 하는지를 조상 대대로 내려온 노하우를 배우면서 성장하였다.

우즈베키스탄은 소비에트체제의 유산과 이슬람이 공존하는 지역이다. 그리고 이곳에 사는 사람들은 실크로드의 오아시스에서 유라시아 대륙에 존재하는 모든 사람을 만나면서 생존했던 자들의 후손이다. 따라서 우리가 유라시아 대륙에서 어쩌면 세상에서 가장 이해하기 힘든 사회와 문화가 바로 우즈베키스탄에 존재하고 있다.

저자가 우즈베키스탄 과학아카데미 역사연구소 현대사 분과를 다닐 때 같이 공부하던 우즈베크인이 있었다. 그렇게 친하지는 않았지만 가끔 이야기해 보면 예의 바르다고 느꼈던 친구였다. 소비에트체제 때 건설했던 기숙사 단칸방에 부인과 두 아이와 같이 살고 있었다. 하루는 조심스럽게 저자에게 100달러를 빌려달라고 부탁했다. 고향에 가야 하는데 돈이 없다고 했다. 돌아오면 반드시 갚겠다고 했다. 그 친구를 믿고 돈을 빌려주었다. 한 달 뒤에 고향에서 돌아온 그 친구는 100달러를 갚았다. 나중에 알고 보니 이 친구는 고향에서 후원을 받고 있었다.

그로부터 얼마 뒤 같은 연구소에서 연구원으로 있던 우즈베크인 박사가 아들의 할례가 있다면서 아침에 오시를 먹으러 오라고 저자에게 초청장을 주었다. 동료 우즈베크인 학우들과 오시에 갔다. 그런데 그 아침에 수백 명의 사람이 와 있었다. 우즈베크인 박사급 연구원의 급여는 당시에 200달러 수준이었다. 이 정도의 월급으로 수백 명에게 오시를 어떻게 대접할 수 있을까? 아마도 몇 년 동안 계를 했던 것 같다.

외국인이 타슈켄트에 가면 놀라는 것 중의 하나가 자동차가 너무 깨끗하다는 것이다. 반질반질 윤이 날 정도이다. 그리고 직장인의 구두도 광택이 날 정도 깨끗하다. 상대방에게 보이는 자신의 모습에 늘 민감하다. 반대로 생각해보면 우즈베크인은 외국인도 이러한 시선으로 그 사람을 평가한다.

결국 특정 국가의 역사를 제대로 파악하면 그곳에 살고 있는 사람들이 만든 사회와 문화를 심층적으로 이해할 수 있다. 미국은 전 세계적으로 다인종다민족다문화의 대표적인 국가이지만 그 나라의 사회와 문화를 이해하기는 어렵지 않다. 영어와 300년이 넘는 자본주의 역사가 미국의 사회와 문화를 만들고 있기 때문이다. 그런데 우즈베키스탄에는 우즈베크어라는 언어가 헌법에 국어로 명시되어 있지만 여전히 러시아어가 중요하고, 120여 민족이 공존하고 있지만 우즈베크 민족주의가 기승을 부리고 있고, 관료주의와 권위주의가 여전히 사회 곳곳에 강하게 존재하고 있다. 그러나 다른 국가였다면 몇 번이고 분쟁이 일어났을 이와 같은 환경을 가지고 있지만 우즈베키스탄에서는 언어적, 민족적, 정치적 충돌은 거의 나타나지 않고 있다. 이 이유를 우즈베키스탄의 사회와 문화에서 찾아야 한다.

<참고문헌>

김경욱. 1990. "소련의 교육제도와 개혁전망." 슬라브연구. No.6. pp.209-223.
방일권. 2012. "비공식 제도로서 씨족정치: 우즈베키스탄의 사례." 중소연구. Vol.36, No.1. pp.241-269.
변현섭. 김진영. 2015. "러시아 내 이주노동자 문제와 정책적 과제: CIS 국가 간의 노동이주를 중심으로." 아태연구. Vol.22, No.1. pp.5-40.
성동기. 2001. "우즈베크 다민족정책과 민족주의: 현재의 시대적 상황에 따른 고려인의 위상 재조명." 在外韓人硏究. No.11. pp.99-129.
성동기. 2003. "독립 후 우즈베키스탄에서 편찬된 새 역사책 분석." 러시아어문학연구논집. No.13. pp.431-455.
성동기. 2004. "우즈베키스탄 씨족(clan)의 순환적 발전행태." 러시아어문학연구논집. No.16. pp.349-370.
성동기. 2010. "우즈베키스탄에서 발생하는 러시아어와 우즈베크어의 지위변화에 따른 언어상황의 이해와 전망: 설문조사와 실질적인 언어지위의 평가를 중심으로." 중앙아시아연구. No.15. pp.271-298.
성동기. 2017. "우즈베크의 민족정체성 분석: 역사적 연결성과 민족 개념의 정의를 중심으로." 외국학연구. No.42. pp.549-574
성동기. 2017. "우즈베키스탄 타슈켄트 고려인 고등학생들의 교육 실태분석 및 전망." 재외한인연구. No.42. pp.95-134.
성동기. 2019. "우즈베키스탄 미르지요예프 정권의 권력 강화 방식 분석: 권위주의 권력 공유(Power-Sharing) 이론을 중심으로." 아시아리뷰. Vol.9, No.1. pp.101-128.
성동기. 2021. 우즈베키스탄의 역사 (서울: 우물이 있는 집)
엄구호. 2009. "중앙아시아의 민주주의와 씨족 정치." 세계지역연구논총. Vol.27, No.3. pp.181-220.
우덕찬. 2000. "중앙아시아 국가들의 대(對)이슬람 정책에 관한 연구." 중앙아시아연구. Vol.5. pp.158-173.
우즈베키스탄 민중사 I. 1997. (타슈켄트: 동방)
윤도원, 백우열. 2019. "투르크메니스탄과 우즈베키스탄의 권력승계 과정과 체제 안정성 연구." 국제정치논총. Vol.59, No.3. pp.265-308.
이관열, 박경숙. 2018. "정치문화 개념의 일고찰: 서구 시민정치문화의 형성과 발전을 중심으로." 사회이론. No.53. pp.65-86.
이문영. 2003. "중앙아시아의 종교 상황과 종교 정책: 러시아 지배유산의 극복과 이슬람의 발전." 국제지역연구. Vol.7, No.1. pp.143-170.
이상준. 2007. "우즈베키스탄의 씨족과 사회 네트워크." 슬라브학보. Vol.22, No.2. pp.309-339.
이희수. 2000. "중앙아시아 이슬람화 연구: 투르크족을 중심으로." 민족학연구. Vol.4. pp.259-279.
조태린. 2010. "언어 정책이란 무엇인가." 새국어생활. Vol.20, No.2. pp.117-132.
허승철. 2002. "중앙아시아의 언어정책." 이중언어학. No.21. pp.329-346.
현승수. 2012. "적대적 공존: 우즈베키스탄의 정교(政敎) 관계와 이슬람해방당." 한국이슬람학회 논총. Vol.20, No. 3. pp.155-184.

Adrienne Edgar. 2004. Tribal Nation (Princeton: Princeton University

Press)

Alexey Ulko. 2020 ""Uzbek is the Language for Uzbeks": Why There are Problems in Uzbekistan with the State Language?," Bulletin of the International Institute for Central Asian Studies. No.29. pp.87–95. (http://uzscite.uz/wp-content/uploads/2020/09/87-95-1.pdf(검색일: 2024.01.25.)

Anita Sengupta. 2000. "In Search of Homelands: Russian Women in Central Asia," Refugee Watch. No.9.

Bakhtiyor Alimdjanov. 2019. "Uzbekistan: Why Uzbek Language Has Not Become a Language of Politics and Science?," Central Asian Bureau for Analytical reporting. pp.1–10 (https://cabar.asia/en/uzbekistan-why-uzbek-language-has-not-become-a-languag e-of-politics-and-science(검색일: 2024.01.25.))

Birgit Schlyter. 1998. "New Language Laws in Uzbekistan," Language Problems and Language Planning. Vol.22, No.2. pp.143–181.

Birgit Schlyter. 2012. "Language Policy and Language Development in Multilingual Uzbekistan in Language policy and language conflict in Afghanistan and its neighbors," in the changing politics of language choice (eds.) Schiffman, Harold. (Leiden: Brill Academic Publishers)

C. S. Bryan Ho. 2011. "Political Culture, Social Movements, and Governability in Macao" Asian Affairs: An American Review. No.38. pp.59–87,

Council of Europe. Common European Framework of Reference for Language: Learning, teaching, assessment. https://rm.coe.int/1680459f97(검색일: 2024.01.25.)

Darakchi 2016.10.07.

Diora Ziyaeva. 2006. "Changing Identities Among Uzbek Youth: Transition From Regional to Socio-Economic Identities," NBR(The

National Bureau of Asian Research) Conference on Generation Change and Leadership Succession in Uzbekistan. Washington D.C.

Ebimboere Seiyefa. 2017. "Elite Political Culture—A Link to Political Violence: Evidence from Nigeria," African Security. No.10. pp.103–130,

Edward Allworth. 1994. Central Asia, 130 Years of Russian Dominance: A Historical Overview (Durham, N.C. and London: Duke University Press)

Edward Schatz. 2004. Modern Clan Politics: The Power of "Blood" in Kazakhstan and Beyond (Seattle: University of Washington Press)

Elísio Macamo. 2016. "Violence and political culture in Mozambique," Social Dynamics A journal of African studies. No.42. pp.85–105.

Eric McGlinchey. 2009. "Searching for Kamalot: Political Patronage and Youth Politics in Uzbekistan," Europe–Asia Studies. Vol.61, No.7. pp.1137–1150.

Gabriel Almond, Sidney Verba. 1963. The Civic Culture: Political Attitudes and Democracy in Five Nations (Princeton, New Jersey: Princeton University Press)

Gregory Gleason. 1995. "Language, Culture, and Politics in Central Asia," International Issues. Vol.38, No.6. pp.86–95.

Herbert S. Yee, Bo–long Liu, Tak–wing Ngo. 1993. "Macau's Mass Political Culture," Asian Journal of Public Administration. No.15. pp.177–200,

Hüseyin Baydemir. 2009. "ÖZBEKİSTAN'DA ÖLÜM ÂDETLERİ," Turkish Studies. International Periodical For the Languages, Literature and History of Turkish or Turkic. Vol.4, No.8. pp.662–683.

Islam Karimov. 1997. Uzbekistan on the Threshold of the Twenty–First Century (Tashkent: Uzbekiston Publishing House)

James Critchlow. 1991. Nationalism In Uzbekistan: A Soviet Republic's

Road To Sovereignty (Boulder, CO: Westview Press)

Janine Wedel, 2003. "Clans, Cliques and Captured States: Rethinking 'Transition' in Central and Eastern Europe and the Former Soviet Union," Journal of International Development. Vol.15, No.4. pp.427–440,

K. Aminov, V. Jensen, S. Juraev, I. Overland, D. Tyan, Y. Uulu. 2010. "Language Use and Language Policy in Central Asia," Central Asia Regional Data Review. Vol.2, No.1. (https://www.academia.edu/32586354/Language_Use_and_Language_Policy_in_Central_Asia(검색일: 2024.01.25.))

Kathleen Collins. 2004. "The Logic of Clan Politics: Evidence from the Central Asian Trajectories," World Politics. Vol.56, No.2. pp.224–261.

Kathleen Collins. 2006. Clan politics and regime transition in Central Asia (Cambridge and New York: Cambridge University Press)

Khachig Tololyan. 1992. "Terrorism in modern Armenian political culture," Terrorism and Political Violence. No.4. pp.8–22,

Kobil Ruziev, Davron Rustamov. 2016. "Higher education in Uzbekistan: reforms and the changing landscape since independence," Economics Working Paper Series. No.1604. pp.1–27.

Lucian Pye. 1965. "Introduction: Political Culture and Political Development," in Political Culture and Political Development, (eds.) Lucian Pye, Sidney Verba (Princeton, New Jersey: Princeton University Press)

Mahanbet Dzhusupov. 2005. "The Social Functions and Status of Language in Multilingual Contexts" in National Development, Education and Language in Central Asia and Beyond (eds.) Hywel Coleman, Jamilya Gulyamova, Andrew Thomas. British Council Uzbekistan. (http://www.langdevconferences.org/publications/2003–TashkentUzbekistan/

Chapter%202% 20–%20The%20Social%20Functions%20and%20 Status%20of%20Language%20in% 20Multilingual%20Contexts– Mahanbet%20Dzhusupov.pdf(검색일: 2024.01.25.)

Mehrdad Haghayeghi. 1995. Islam and Politics in Central Asia (New York: St. Martin's Press)

Narmurodova Gulnoza Ilhom qizi. 2022. O'zbek Madaniyatida Ta'ziya Marosimlarining Hududiy Jihatdan Farqlanishi va O'ziga Xcs Xsusiyatlari. Vol.2, Issue.20. pp.733–739.

O'zbekiston Respublikasi Prezidentining 2019–yil 21–oktabrdagi PF–5850–son "O'zbek tilining davlat tili sifatidagi nufuzi va mavqeini tubdan oshirish chora–tadbirlari to'g'risida"gi Farmoni. https://lex.uz/ docs/–4561730(검색일: 2024.01.25.)

Orest Subtelny. 1988. Ukraine. A History (Toronto: University of Toronto Press)

Paul Geiss. 1999. "Turkmen Tribalism," Central Asia Survey. Vol.18, No.3. pp.134–157.

Richard Dobson. 1994. "Islam in Central Asia: Findings from National. Surveys," Central Asian Monitor. Vol.17, No.2. pp.17–22.

Roy Macridis. 1961. "Interest Groups in Comparative Analysis," The Journal of Politics Vol.23, No.1. pp.25–45.

Sabina Mushtaq. 2015. "Contemporary Educational System in Uzbekistan," International Journal of Social Science and Humanities Research. Vol.3, No.1. pp.127–136.

Sergiusz Kowalski. 1993. "Poland's new political culture: the relevance of the irrelevant," Economy and Society. No.22. pp.233–242.

Shrin Akiner. "Post–Soviet Central Asia: past is prologue," in The New Central Asia and it's Neighbour (eds.) Peter Ferdinand (Royal Institute of

International Affairs, London: Pinter Publisher)

Stephen Bahry, Sarfaroz Niyozov, Duishon Shamatov, Elise Ahn, Juldyz Smagulova. 2017. "Bilingual Education in Central Asia" in Bilingual and Multilingual Education (eds.) Ofelia García, Angel M. Y. Lin, Stephen May. (https://www.researchgate.net/publication/312415454_Bilingual_Education_in_Central_Asia/link/587f0e4708aed3826af466fa/download(검색일: 2024.01.25.))

Stephen Welch. 1993. The Concept of Political Culture (Basingstoke and London: Macmillan; New York: St Martin's Press)

Xadicha Saydullayeva, Akrom Ochilov. 2021. O'zbekistonda To'y An'analari Tarixi va Buguni. Academic Research in Educational Sciences. Vol.2, Issue.3. pp.1236–1241.

Zeki Velid Togan. 1994. "The Origins of the Kazakhs and the Uzbeks" in Central Asia Reader: The Rediscovery of History (eds.) H. B. Paksoy (New York: M. E. Sharpe)

Алиева Вилоят Ренатовна, "Политическая культура как фактор духовного развития социума(на примере Узбекистана)," pp.29–37. https://elar.urfu.ru/bitstream/10995/32466/1/kl o_2015_04.pdf(검색일: 2024.01.25.)

Ethnologue data from Ethnologue: Languages of the World, 14th Edition. http://www.ethnologue.com(검색일: 204.01.25.)

Житникова, М. Н., Зверев, Н. И., Ткач, Г. Ф. 2008. "Система Образования Республики Узбекистан: Обазовательные Программы и Присваиваемые Квалификации," Научный вестник Московского государственного технического университета гражданской авиации 128.

Цит. по: Рекк А. Дмитрий. 2020. "Центральной Азии: история и современность," Постсоветский материк 3, No.27. p.100.

"Corruption and reform in Uzbekistan: The elephant is still in the room," https://fpc.org.uk /corruption–and–reform–in–uzbekistan–the–elephant–is–still–in–the–room/(검색일: 2024.01.25.)

"Inflation rates in Uzbekistan," https://www.worlddata.info/asia/uzbekistan/inflation–rates. php(검색일: 2024.01.25.)

"Kazakh President Tokayev wins re–election with 81.3% of vote," https://www.reuters.com/ world/asia–pacific/tokayev–wins–kazakh–presidential–election–with–813–vote–2022–11–21/(검색일: 2024.01.25.)

"Kazakhstan leader seeks snap presidential vote with 7–year term," https://www. aljazeera.com/news/2022/9/1/kazakhstan–leader–seeks–snap–presidential–vote–with–7– year–term(검색일: 2024.01.25.)

"Republic of Uzbekistan Election for Uzbekistani Presidency," https://www.electionguide.org/ elections/id/2058/(검색일: 2024.01.25.)

"The Islam Karimov Academic and Educational Complex," https://islomkarimov.uz/en /page/gosudarstvo–i–obschestvo–1995(검색일: 2024.01.25.)

"The politicisation of women's position in Soviet and post–Soviet Uzbekistan," https:// peernetworkgcrf.org/blog–post/the–politicisation–of–womens–position–in–soviet– and–post–soviet–uzbekistan/(검색일: 2024.01.25.)

"The Referendum of Uzbekistan on January 27, 2002," https://saylov.uz/en/docs/2002–jil–27 –yanvar–ozbekiston–respublikasi–re ferendumi–otkazildi(검색일: 2024.01.25.)

"Uzbekistan leader wins second term in 'not truly competitive' election," https://www. euronews.com/2021/10/25/uzbekistan–leader–wins–second–

term–in–not–truly–competitive– election(검색일: 2024.01.25.)

"Uzbekistan's leader calls for snap presidential election in July," https://www.aljazeera.com/ news/2023/5/8/uzbekistans–leader–calls–for–snap–presidential–election–in–july(검색일: 2024.01.25.)

"Uzbekistan's Senate votes to cut presidential term," https://www.reuters.com/article/ uzbekistan–presidency–idUKL5E7N52FH20111205(검색일: 2024.01.25.)

"With Backing From Uzbek State, Family Implicated In Smuggling Secretly Funds Transformation Of Tashkent's Skyline," https://www.rferl.org/a/uzbekistan–abdukadyr–co rruption–smuggling–bribery–investigation–mirziyoev/32368470.html(검색일: 2024.01.25.)

"В Узбекистане утвердили сроки парламентских и президентских выборов," https:// lenta.ru/news/2012/03/23/terms/(검색일: 2024.01.25.)

"Исход президентских выборов в Узбекистане известен заранее," https://www.dw.com/ ru/ishod–prezidentskih–vyborov–v–uzbekistane–izvesten–zaranee/a–3017269(검색일: 2024.01.25.)

"Когда в Узбекистане будут объявлены очередные президентские выборы?," https:// www.fergananews.com/articles/4647(검색일: 2024.01.25.)

"Мирзиёев "клан"чиликка карши кескин кураш олиб бориш ҳакида гапирди," https:// qalampir.uz/news/mirziyeev–klan–chilikka–k–arshi–keskin–kurash–olib–borish–%D2%B3ak–ida –gapirdi–54234(검색일: 2024.01.25.)

http://caf.kiep.go.kr/caf/contents/m122100/view.do(검색일: 2024.01.25.)

http://eacea.ec.europa.eu/tempus/participating_countries/higher/uzbekistan.pdf(검색일: 2024.01.25.)

http://enews.fergananews.com/articles/2568(검색일: 2024.01.25.)

http://info.ziyonet.uz/ru/post/view/education/common(검색일: 2024.01.25.)

http://marifat.uz/marifat/ruknlar/Xalq_bilan_muloqot/4554.htm(검색일: 2024.01.25.)

http://ncadc.org.uk/coi/2012/04/uzbekistan–continuing–freedom–of–movement–bans/(검색일: 2024.01.25.),

http://news.uzreport.uz/news_3_e_143507.html(검색일: 2024.01.25.)

http://tbinternet.ohchr.org/Treaties/CERD/Shared%20Documents/UZB/INT_CERD_NGO_UZB_16338_R.rtf(검색일: 2024.01.25.)

http://uzbekistan.kg/uz11.php(검색일: 2024.01.25.)

http://weekly.chosun.com(검색일: 2024.01.25.)

http://www.epdc.org/country/uzbekistan(검색일: 2024.01.25.)

http://www.fergananews.com/article.php?id=5206(검색일:2014.11.02.)

http://www.fergananews.com/articles/5760(검색일: 2024.01.25.)

http://www.forum18.org/Archive.php?article_id=1064(검색일: 2024.01.25.)

http://www.gov.uz/en/constitution/#s266(검색일: 2024.01.25.)

http://www.kamolot.uz/(검색일: 2024.01.25.)

http://www.kursy.uz/(검색일: 2024.01.25.)

http://www.lolakarimova.com/en/(검색일: 2024.01.25.)

http://www.norma.uz/novoe_v_zakonodatelstve/utverjdeno_novoe_polojenie_o_platno–kont

http://www.theglobaleconomy.com/Uzbekistan/GDP_per_capita_PPP/(검색일: 2024.01.25.)

http://www.uib.no/ jais/v002ht/02–110–150Simpson1.htm(검색일: 2024.01.25.)

http://www.uzprogress.narod.ru/Partiyalar.htm(검색일: 2024.01.25.)
https://constitution.uz/en/clause/index(검색일: 2024.01.25.)
https://dictionary.cambridge.org/dictionary/english/patriarchy(검색일: 2024.01.25.)
https://encykorea.aks.ac.kr/Article/E0000200(검색일: 2024.01.25.)
https://factsanddetails.com/central–asia/Uzbekistan/sub8_3d/entry–4705.html(검색일: 2024.01.25.)
https://freedomhouse.org/country/uzbekistan/nations–transit/2022(검색일: 2024.01.25.)
https://lex.uz/acts/48063(검색일: 2024.01.25.)
https://lex.uz/docs/–109394(검색일 2024.01.25.)
https://lex.uz/docs/–121051(검색일: 2024.01.25.)
https://lex.uz/docs/–4561730(검색일: 2024.01.25.)
https://tashabbus.org/davlat–tili–togrisidagi–qonun–tahrirga–muhtojmi/(검색일: 2024.01.25.)
https://uz.sputniknews.ru/20200428/Novyy–zakonoproekt–o–gosyazyke–v–Uzbekistane—mn enie–ekspertov–i–grazhdan–14018186.html(검색일: 2024.01.25.)
https://uzbek–travel.com/about–uzbekistan/traditions/khatna–kilish/(검색일: 2024.01.25.)
https://vesti.uz/russkij–yazyk–nam–ne–chuzhoj/(검색일: 2024.01.25.)
https://web.frazerconsultants.com/2018/10/cultural–spotlight–uzbek–funeral–traditions/(검색일: 2024.01.25.)
https://www.aa.com.tr/en/asia–pacific/uzbekistan–to–switch–to–latin–alphabet–in–2023/220 0498(검색일: 2024.01.25.)
https://www.amerikaovozi.com/a/5132849.html(검색일: 2024.01.25.)
https://www.atlanticcouncil.org/blogs/new–atlanticist/the–role–of–russia–

and–the–russian–lan guage–in–post–karimov–uzbekistan/(검색일: 2024.01.25.))

https://www.bbc.com/uzbek/lotin/2016/03/160324_latin_uzb_language(검색일 2024.01.25.)

https://www.coe.int/en/web/common–european–framework–reference–languages(검색일: 2024.01.25.)

https://www.gazeta.uz/ru/2018/11/06/alphabet/(검색일: 2024.01.25.)

https://www.gazeta.uz/oz/2021/04/29/uzbek–language/(검색일: 2024.01.25.)

https://www.gazeta.uz/uz/2021/08/19/population/(검색일: 2024.01.25.)

https://www.globaldata.com/data–insights/macroeconomic/the–population–of–uzbekistan– 239276/(검색일: 2024.01.25.)

https://www.in–formality.com/wiki/index.php?title=Gap_(Uzbekistan)(검색일: 2024.01.25.)

https://www.lex.uz/acts/5013009(검색일: 2024.01.25.)

https://www.protagon.gr/wp–content/uploads/2023/02/Democr acy–Index–2022–final.pdf(검색일: 2024.01.25.)

https://www.yna.co.kr/view/ AKR20230501078400096(검색일: 2024.01.25.)

https://www.youtube.com/watch?v=QWupB0rU–Nc(검색일: 2024.01.25.)

<찾아보기>

ㄱ
가부장제 131
결혼 179
계 170
고르바초프 74
교육시스템 86
교육정책 72
교육제도 72

ㄴ
나자르바예프 114
낙쉬반디 151
니코흐 180
논 172

ㄷ
독립세대 96, 97, 98, 101, 103
돕슨 153

ㄹ
라그만 176
라마단 164
라시도프 42
라틴 27, 30, 33, 36, 38, 43, 59
러시아어 23, 28, 30, 44, 46, 49, 56, 58, 61, 64, 69
러시아인 15, 16, 17, 19, 20, 21, 22, 23, 24, 68, 69
레나토브나 147

ㅁ
마크리디스 122
마할라 88
무슬림 159
미르지요예프 33, 37, 49, 52, 54, 86, 106, 110, 142

ㅂ
법률 26, 28, 35, 38
베르바 116, 119
분교 78

ㅅ
사립학교법 87
설문조사 14, 156, 157, 158, 162
슐리테러 52, 53
씨족 115
씨족협정 141
씨족후원 134

ㅇ
아제르바이잔인 20
아카예프 148
알림자노프 47

알몬드 116, 119
예배 161
오시 176
오크소콜 89, 91, 130, 146, 149
우즈베크어 26, 29, 31, 33, 35, 40, 42, 47, 49, 52, 56
울코 42
유대인 15, 17, 18
웰치 122
이슬람 150

ㅈ
자디드 152
장례 185
정치문화 110
정치태도 117
조로아스터교 150
조태린 55
조혼 182
지야예바 98
지연 140
집단예배 160

ㅊ
차 178

ㅋ
카리모바 103, 104
카리모프 26, 31, 34, 51, 72, 86, 94, 103, 111, 136, 138, 141
카말롯 104
카자흐인 15, 17, 20, 129
콜빈 129
쿠나예프 129
키릴 27, 30, 33, 43, 51

ㅌ
타직 66
토이 179
토카예프 114

ㅍ
파이 121

ㅎ
하지 166
학제 74, 75, 76
할례 185
헌법 28, 39, 41, 110, 112, 114, 170
혈연 140

우즈베키스탄의 사회와 문화의 이해

초판 1쇄 발행 | 2024년 2월 29일

지은이 | 성동기
편 집 | 강완구
디자인 | 김남영
펴낸이 | 강완구
펴낸곳 | 도서출판 써네스트   **브랜드** | 우물이있는집
출판등록 | 2005년 7월 13일 제2017-000293호
주 소 | 서울시 마포구 망원로 94, 2층 203호 (망원동)
전 화 | 02-332-9384   **팩 스** | 0303-0006-9384
홈페이지 | www.sunest.co.kr
ISBN 979-11-90631-84-6(93300)

ⓒ 2024 성동기

책값은 뒤표지에 있습니다.
잘못된 책은 바꾸어 드립니다.